GuanLiSanYao
NengShiRen
HuiYongRen
DongGuanRen

管理三要
能识人
会用人
懂管人

韩小勇
编著

成都地图出版社

图书在版编目（CIP）数据

管理三要：能识人会用人懂管人／韩小勇编著．--

成都：成都地图出版社，2018.10（2019.3 重印）

ISBN 978 – 7 – 5557 – 1063 – 9

Ⅰ．①管… Ⅱ．①韩… Ⅲ．①企业管理 – 人力资源管

理 Ⅳ．①F272.92

中国版本图书馆 CIP 数据核字（2018）第 237986 号

管理三要：能识人会用人懂管人

GUANLI SANYAO：NENG SHIREN HUI YONGREN DONG GUANREN

编　　著：韩小勇

责任编辑：陈　红

封面设计：松　雪

出版发行：成都地图出版社

地　　址：成都市龙泉驿区建设路 2 号

邮政编码：610100

电　　话：028 – 84884827　028 – 84884826（营销部）

传　　真：028 – 84884820

印　　刷：河北鹏润印刷有限公司

开　　本：880mm×1270mm　1/32

印　　张：8

字　　数：180 千字

版　　次：2018 年 10 月第 1 版

印　　次：2019 年 3 月第 2 次印刷

定　　价：29.80 元

书　　号：ISBN 978 – 7 – 5557 – 1063 – 9

前　言

当你试图去追问什么是企业真正重要的东西时，你会发现一个让你惊讶的事实：很多人会毫不犹豫地回答你，是"人"，不是战略，不是资金，也不是技术或者其他任何东西，就是"人"——是"人"成就企业的过去、现在以及未来。

在世界上那些伟大的企业中，人被置于高于其他一切资源的地位，这在某种程度上决定了这些企业的腾飞和壮大。微软用人追求"杰出"，这一用人哲理人所共知；IBM 制造人的"紧迫感"；通用电气以"尊重"为用人的核心原则……这些企业是伟大的，而他们所遵循的管理法则也是伟大的。

被誉为全球第一 CEO 的杰克·韦尔奇指出："作为管理者，必须高度重视选人、用人的能力，不断提高管人的技巧。作为一个合格的现代管理者，既需要有才智，又需要有直觉；既需要有理性，又需要有感情；既要善于在办公室中分析研究问题，得出科学的结论，又要善于学习和借鉴别人的经验。"

管理之道就在识人、用人与管人。人才是事业之根本。得人才者得天下，失人才者失天下。一个国家如此，一个单位或企业亦然。因此，怎样选人、用人和管人，始终为各级各类领导者所关注。

通常来讲，领导者的主要责任，一是出主意，二是用人才。而且领导者所出的主意，仍要靠人才来落实。因此，领导者一定要用心钻研选人之术、用人之方、管人之道。

识人、用人与管人的学问博大精深，奥妙无穷。诸如如何掌握用权的艺术、如何识别与选拔各种各样的人才、如何增强员工的凝聚力、如何管理下属，等等。高明的领导者总是能抓住人性的优点，摸透人性的弱点，巧妙地加以引导和使用，进而使下属忠心耿耿地为你的事业服务。

如果说选人与用人体现的是一个领导者的智慧和才干，那么管人则更能体现一个领导者的权威与形象。一个领导者无论是要树立权威，还是要做出业绩，都必须在"人"字上下功夫，练就一套选人、用人与管人的本领。

《管理三要：能识人 会用人 懂管人》借鉴了许多管理学方面的理论和实践，将古今中外成功人士的识人、用人、管人的经验融会贯通，并结合现代社会的复杂性和多样性，通过经典的案例、生动的故事，介绍了招揽贤才、识别人才、使用人才、搭配人才、评估人才、驾驭人才的方法与技巧。

本书用通俗易懂的语言、简洁明了的道理，阐述选人、用人、管人的一般规律和知识，既有传统管理经验，也有与时俱进的领导技巧，从而为读者献上了一份实用性强、操作方便的大众管理读物。期待大家在自己的实践中掌握要领、融会贯通，把书本知识转化为自己的能力，促进自己的事业走向成功和辉煌。

2018 年 5 月

目 录

第一章
选人有术:选人要有好眼光

人是企业之本,企业的生存之道
在于如何用人,即善于用人之所长,
避人之所短,使人人各得所宜。而用
人的前提是识人,只有善于识别人,
才能选拔到合适的人才。

人才是企业发展的不竭动力

美国著名经济学家西奥多·舒尔茨曾说："企业的人才资源是衡量一个企业整体竞争力的标志。在科技高度发达的今天，没有人才的企业如同一潭死水；只有拥有关键人才，企业才有不竭的发展动力。"

1. 人才 =资本

随着知识经济的到来，在高科技迅速发展、人力资源配置日益社会化、全球化的现代社会，企业组织发展的战略资源已不单是生产资料等物质资本，也包括以知识、技能和智力为特征的人力资源。甚至人力资源已经成了推动社会发展的第一资源，而人力资源的质量更是决定企业兴衰的关键。

历史上有刘邦重人才、得天下的典故：一个布衣起家的刘邦，能够手提三尺宝剑，斩蛇起义，灭秦挫项，五年一统天下，建立了延续400多年之久的大汉王朝，靠的是什么呢？究其原因，恐怕和刘邦的重视人才、善用人才有着直接的关系。

刘邦的重要军事谋臣张良出身韩国贵族世家，曾经在博浪沙谋杀秦始皇，失败后潜逃各地，后拉起了一支百余人的队伍，立帜反秦，不久碰到了刘邦的起义队伍，成为刘邦军队的一名战士。之后他看到实力雄厚的项梁，又做了项梁的司徒。后来，秦军灭了韩国，张良无奈，再次投靠刘邦。刘邦并没因为张良曾经离开自己而记恨他，而是诚心相待。张良赢得了刘邦的高度信任，从此为刘邦开辟汉朝天下出谋划策。在鸿门宴上，张良见机行事，全力掩护刘邦逃走；在彭城战役失败后，张良提出合韩信、彭越、英布三股力量共击项羽的正确策略；在韩信提出做齐王的危急关头，张良说服了刘邦，稳住了韩信；在楚、汉签订合约之后，张良提出穷追猛打的建议，终于彻底消灭了项羽。

纵观张良的一生，可以说他是一位杰出的军事家，在每个紧要的关头，张良总是能站出来，提出较为正确的意见。如果没有张良，刘邦最后的军事胜利，确实是难以想象的。因此，刘邦得到了张良这样一个人才，毫不夸张地说，比得到了数十万大军还重要。

如今，"得人才者得天下"成了国家、地区、企业领导人之间的共识。纵观全球经济，无论是综合国力竞争、地区间的权与利争夺，还是企业间的利润竞争，其竞争焦点最后都无一例外地体现在愈演愈烈的"人才争夺战"上。20世纪后半叶以来，以美、加、英等国为代表的发达国家相继制定了跨世纪的教育和人力资源开发战略规划，加快了争夺其他国家优秀人才的进程，从增加教育和科研投资吸引、培养各类人才到通过修改移民法、放宽技术移民限制来聚集技术类人才。因为他们清楚，在知识经济时代，现代化高新技术突飞猛进、一日千里，谁掌握了智力资源，谁就会取得高科技优势，就能在市场竞争中占据主动。

几年来，中国在外留学人员总量都以压倒多数的比例占据世界首位，但学成回国的人所占比例却并不高。毋庸置疑，中国在这场世纪人才争夺战中，不但起步较晚，远远落后于欧美发达国家，而且至目前为止，人力资源管理理论尚未形成体系，实践经验相对缺乏，只好全盘接受西方经济学中人力资源管理理论的指导，因此在具体操作过程中难免会经常出现失误。痛定思痛，如今，对中国私营企业来说，获取并留住高质量的人力资源才应该是企业谋求生存与发展的第一等大事。

"千军易得，一将难求"，人才就是企业的资本。国内企业若想与国外工商业巨头争夺人才，当务之急便是强化人力资源管理的制度建设，将众多良才聚集到企业中去，形成一支战斗力极强的优秀员工团队，从而在竞争激烈的市场经济条件下占据优势。

2. 留住人才 =拥有资本

美国 IBM 创始人沃特森说："你可以接收我的工厂，烧毁我的厂房。然而，只要留下人，我就可以重新组建 IBM。"可见，国外很多的知名企业家都把人力资源看得比物质资源更为重要。在现如今人力资源争夺激烈的环境下，国内的企业要想不被社会淘汰，就应该认识到留下人才的重要性，多向国外知名企业学习经验。

曾经有一个瑞士籍的研究生发明了一种电子笔及其

辅助设备，这种笔和设备可以用来修正遥感卫星所拍摄的照片。这一发明引起了世界各国的关注，很多企业争相聘请这位研究生加盟。当时，一家美国公司和一家瑞士公司为争夺这个人才，双方像在拍卖场上，不停地加价，都势在必得。最后，美国公司胜出，因为该公司对瑞士那家公司说："我不加价了，等你们加够了，我在你们的数额上乘以 50。"此言一出，吓退了那家瑞士公司。

这家美国公司可谓是魄力十足。事实上，很多美国公司都是这样。美国企业能够打遍天下，和他们重视人才分不开。全世界的精英都往那里汇聚，怎么可能不发达？

"要走则走，天底下人才多的是！"这句话常常从一些自以为是的企业管理者嘴里蹦出来。没错，天底下人才多的是，但是不是天底下的人才都能为你所用呢？

有能力跳槽的人，通常都不是平庸之辈。如果留不住人才，你的企业所进行的"大浪淘沙"运动，是把沙子留下了，金子都跑了，留下一帮无处可去的蠢材"忠实"地跟着你。

通用电气公司（GE）有两个了不起的人：一个是创始人之一爱迪生，伟大的发明家；另一个是后来担任董事长兼首席执行官的杰克·韦尔奇，一个具有传奇色彩的管理者。

你可曾知道，当初韦尔奇差点离开 GE，甚至他的欢送会都召开了。当时，杰克·韦尔奇是 GE 的一名工程师，他已经在公司工作了一年，年薪是 10500 美元。因为表现不错，老板给他涨了 1000 美元，韦尔奇对这次加薪本来感觉很不错。

但是不久后，韦尔奇发现他们办公室中的四个人薪水是完全一样的，他对此非常不满，因为他认为他比其他人更有能耐，应该得到比"标准"的加薪更多的收入。他带着一肚子怨气去和老板谈这个问题，可是没有谈出任何结果。于是，他萌生了跳槽的想法。想当初，满怀希望地加盟 GE，如今却这般处境，他不免感到十分沮丧。不久，他就找到了一份好工作——一家设在芝加哥的国际矿物及化学公司，离他岳父住的地方不远。

韦尔奇要辞职的消息传到了他的上司——年轻的经理鲁本·古托夫耳朵里，这可急坏了鲁本·古托夫，因为他知道韦尔奇虽然自命不凡，但他的确有自命不凡的资本，他比其他人更有才干。而且，鲁本·古托夫还认为韦尔奇在 GE 是前途无量的。

可是，第二天就要召开韦尔奇的欢送会了。鲁本·古托夫决定立即找韦尔奇谈谈。他当天晚上就邀请韦尔奇的家人共进晚餐，苦口婆心地劝他留下。"相信我，只要我在公司，你就可以利用大公司的优势来工作，至于那些不如意的事情，就抛到九霄云外好了。"鲁本·古托夫恳求道。"要我留在公司也不是不可能，对于你来说，留住我就等于是一个严峻的考验。"韦尔奇是这样回答的。"我愿意接受这样的考验，最重要的是要把你留下。"四个小时的晚宴，没有能够打消韦尔奇离开的念头。

古托夫没有放弃，深夜一点钟，在回家的途中，他把车停在高速公路旁，用路边的投币电话继续对韦尔奇进行游说。他说："我给你涨工资，在以前的基础上再涨2000美元，当然，我知道，钱并不是你离开的主要原因，但要你留下，我总得有所表示。"

第二天，韦尔奇出席了为他举行的欢送会，但是，他在会上宣布：为了经理鲁本·古托夫，他继续留在GE。

留下的韦尔奇努力工作，并为自己定下了长远目标：成为通用电气公司的最高负责人。事实证明，他成功了。事实同样证明，鲁本·古托夫没有看错人。

如果当初鲁本·古托夫来一句"要走则走，天底下人才多的是"，会有今天的韦尔奇吗？会有今天的GE吗？我们应该设一项伯乐奖，发给鲁本·古托夫，因为他让这个世界上多了一位伟大的企业家。

清华大学经济管理学院教授魏杰说："知识经济时代的来临使人才成为企业生存和发展的关键。技术创新者和职业经理人都是能够推动企业实现升值的人力资本，对这些人才的争夺已经成为当前国际核心技术竞争的关键。"所以说，当今的市场竞争说到底就是人才的竞争，人才是企业的根本，是企业最重要的资源。企业要想稳定、持续地发展下去，就必须重视人才。

如何识别优秀人才

在一个企业中，一些员工的巨大潜力被无谓地浪费或未能得到充分的发挥，这种现象比比皆是。为了企业的利益，领导者应善于识别企业中的优秀人才，使之不被埋没。

1．识别优秀人才的方法

怎样识别企业里的优秀人才呢？可以从以下几个方面进行考察。

（1）考察他有没有雄心壮志

优秀人才必然有取得成就的强烈愿望，他总是要通过更好地完成工作，不断地去寻找发展的机会。

（2）考察有无需要求助于他的人

如果你发现有许多人需要他的建议、意见和帮助，那他就是你要找的人才了。因为这说明他具有解决问题的能力，而他的思想方法为人们所重视。

（3）考察他能否带动别人完成任务

注意是谁能动员和组织别人进行工作以达到目标，因为这可以说明他具有组织管理的能力。

（4）考察他是如何做出决定的

认真对待那些能迅速转变别人思想和说服别人的人。一个有才干的高级管理人员，往往能在相关信息都已具备时果断做出决定。

（5）考察他会解决问题吗

如果他是一个很勤奋且有能力的人，他从不会跟老板说："我们有问题。"只有在问题解决了之后，他才会找到老板汇报说刚才有这样一种情况，我们是怎样处理的，结果是这样。

（6）考察他比别人进步更快吗

一个优秀人才通常能把上级交办的任务完成得更快更好，因为他勤于做"家庭作业"，他随时准备接受额外任务。他认为自己必须更深地去挖掘，而不能只满足于一知半解。

（7）考察他是否勇于面对失败

除上面提到的以外，勇于面对失败是一个经理人员的关键性条件。失败对任何人来说都是难免的，关键在于面对失败是否能重新开始。从某种意义上讲，没有失败经历的经理算不上一个合格的经理。

2．识别潜在人才的方法

唐朝诗人杨巨源在《城东早春》中写道："诗家清景在新春，绿柳才黄半未匀。若待上林花似锦，出门俱是看花人。"明末清初人王相是这样评论的："此诗属比喻之体。言宰相求贤助国，认拔贤才当在侧微卑陋之中，如初春柳色才黄而未匀也。若待其人功业显著，则人皆知之，如上林之花，似锦绣灿烂，谁不爱玩而羡慕之？比喻为君相者，当识才于未遇，而拔之于卑贱之时也。"这段评论给人这样的启示：识才，不仅要看到那些锋芒毕露者，更要注意寻找那些暂时默默无闻和表面上平淡无奇而实则很有才华和发展前途的人。

显性人才如同上林之花，锦绣之烂，蜚声世间，人人注目，都欲得而用之，社会上这种对待显性人才的现象，被人才专家称为"马太效应"。

潜在人才则有如待琢之玉、尘封中的黄金，没有得到公众的认可，无法显露出自己的价值。若不是独具慧眼的伯乐则是难以发现的。千里马之所以能在穷乡僻壤之中、盐车重载之下被发现，是因为庆幸遇见善于相马的伯乐。千里马若不遇伯乐，恐怕要终身困守在槽枥之中，永无出头之日。所以人们常感叹：千里马常有，而伯乐不常有。企业家欲想较多较好较快地识别和发现潜在人才，必须注意以下几点：

（1）听其言识其心志

潜在人才都是尚无用武之地，他们在公开场合说官话、假话的机会极少，他们的话，绝大多数是在自由场合下直抒胸臆的肺腑之言，不带任何"色彩"，因而就更能真实地反映和表达他们真实的思想感情。刘邦和项羽在未成名之时，见到秦始皇威风凛凛地巡行，各说了一句话。刘邦说："嗟乎！大丈夫当如此也！"项羽则说："彼可取而代之也！"两个人都有称王称霸的雄心，却表现出两种性格，刘邦贪婪多疑，项羽强悍爽直。短短一句话，刘、项两人的志向表露无遗。

（2）观其行察其追求

一个人的追求总是在他的行为中体现出来。一个讲究吃喝玩乐的人，所追求的是口舌之福和衣着之丽；一个善于请客送礼的人，所追求的是吃小亏占大便宜；一个干工作吊儿郎当，伺候领导却又十分周到殷勤的人，所追求的是个人私利，等等。任何一个人，只要他进入他希望进入的角色，就会为了保住角色而或多或少地带点"装扮相"。 而那些处在一般人中的人才，他们既无失去角色的担心，又不刻意追求表现自己的机会，所以，他们一切言行都比较质朴自然。 企业家若能在一个人才毫无装扮的情况下发现他的"真迹"，而且这种"真迹"又包含和表现出某种可贵之处，那么大胆起用这种人才，十有八九是靠得住的。

（3）析其作辨其才华

潜在人才虽处于成长发展阶段，有的甚至处在成才的初始时期，但凡是人才，就自然具有人才的先天素质。 或有初生牛犊不怕虎的胆略，或有出淤泥而不染的可贵品质，或有"不鸣则已，一鸣惊人"之举，或有"雏凤清于老凤声"的过人之处。 总之，只要是人才，就必然有不同常人之处，否则就称不上人才。 一位善识人才的伯乐，正是要在千里马无处施展才华之时识别出它与一般马匹的不同，若是千里马已在驰骋腾越之中显出英姿，就不需伯乐识别了。

（4）闻其誉考其品行

善识人才者，应时刻保持清醒头脑，有自己的独立见解，不受"语浪言潮"所牵制。 对于已成名的显性人才，不赞扬吹捧，而应多听一听反对意见；对于未成名的潜在人才所受到的推举，则应留心在意。 这是因为，人们大多有"马太效应"心理，人云亦云者居多，对人才的评价往往会随波逐流。 当人才处在潜伏阶段，"马太效应"与他毫不相干，人们对他吹捧也没有好处可得。 所以，人们对潜在人才的称赞常常是真诚的，很少会口是心非。

考察本质才能去伪存真

伯乐是春秋战国时期秦国人，是当时天下有名的相马大师。

在伯乐暮年之时，一天，秦国的国君秦穆公对伯乐说："您的年纪也很大了啊！您的子孙中有谁能够继承您去寻找千里马呢？"

伯乐回答道："对于一匹好马，它的特征很明显，可以从其体形、外貌和骨架上看出来。而对于天下难得的千里马，看上去它与一般的好马差不多。但是，千里马奔跑起来，脚步非常轻盈，只觉刹那间从眼前一闪而过，不一会儿便无影无踪，而且它的蹄子不扬起尘土，看不到它奔跑的足蹄印儿。我的儿子们的才能都比较低下，他们都能够看出怎样的马是好马，但却不能识别出千里马，而且凭我相马的经验来判断，他们也都无法掌握相马技能。不过，我有一个打柴卖菜的朋友叫九方皋，他的相马技术不在我之下，请大王召见他。"

于是，秦穆公便召见了九方皋，并派他到各地去寻找千里马。

三个月后，九方皋回来报告说："我为大王在沙丘那个地方寻找到了一匹千里马。"

秦穆公问："那匹马是什么样的马呢？"

九方皋回答说："那是一匹黄色的母马。"

秦穆公便派人去把那匹马牵来，却是一匹黑色的公马。这时，秦穆公很不高兴，就把伯乐叫来说："你推荐的人连马的毛色与雌雄都分辨不出来，又怎么能识别出千里马呢？"

伯乐听了，感慨地赞叹说："想不到九方皋的相马术竟达到这种地步了啊！这正是他高出我千万倍的长处。九方皋所看到的，是马内在的精神和机能，而不是马的皮毛。他注重观察马的本质，而忽略了它的表象；他审察研究时，只注意那些应该审察研究的方面，而抛弃了那些不必审察的方面。这样相出的马，要比一般的千里马更珍贵啊！九方皋相马的价值，远远高于千里马的价值啊！"

当把那匹马牵到秦穆公和伯乐面前时，大家一看，果然是一匹名不虚传、天下少有的千里马。

这个故事给人们的启迪就是：看问题时要有所舍弃才能有所专注，同时要将自己获得的感性材料去粗取精，去伪存真，这样才能把握住事物的本质。要真正能够看清一件事物，必须透过事物的现象，抓住事物的本质。

对于领导者辨识人才而言，也是同样的道理。作为领导者，只有理智地认识下属，深入了解每位下属的主要特点，才有可能不会出现大的用人失误。当然，领导者要非常了解自己的每一名职员有点不大可能，但起码要非常熟悉高、中级管理人员。 同时，领导者也应要求手下的高、中级管理人员对其下属也要多加了解。

然而，有时领导者会突然发觉，即使与之相处了五六年之久的部属，竟然也不识对方的真面目，尤其是下属对自己的工作有怎样的想法，或者下属究竟想做些什么，这些恐怕有些领导者都不甚清楚。 这都不奇怪，因为即使结婚很久的夫妻，有时难免彼此也有不了解的方面。 因此，如果说一个领导未能充分了解他的下属，是很正常的事。 重要的是要时刻提醒自己要对部属有所了解。 保持这样一种心态，才能不忘处处观察下属的言行举止，这才是了解下属的最佳捷径。

人们有时对自己都无法了解，因此不能充分了解别人也就不足为奇了。 古语说："士为知己者死"，但要达到这种"知"的境界，是非常不容易的。 能够做到这一点的，那一定是一流的领导者。 领导者了解下属，根据了解的主要方面，可以从初级到高级分为三个阶段。

如果你自以为已经完全了解下属的话，那么，你对下属的了解只是处于初级阶段而已。

对于下属的出身、学历、经验、专长、兴趣、爱好、家庭环境和背景等，作为领导者是应该知道的。 如果领导者连下属的这些方面都不知道，那么认识下属连初级阶段也没有达到。

了解下属的真正意义在于要弄清下属的内心所想，以及其干劲、热忱等。 领导者如果能在这些方面与下属产生共鸣，以至让下属感到"他对我真了解"的地步，才能算是真正了解下属。

认识下属达到第一阶段，只能算是了解了下属的一面而已。 当下属遇困难时，如果作为领导者的你能事先预测他下一步要采取的行动，并给予适当支持的话，这就说明你更进一步地了解了下属，对下属的认识算是完成了第二阶段。

第三阶段就是要知人善任，让下属能在适当的工作岗位上发挥自己最大的潜力。古语道："置之死地而后生。"领导者应该将足以检验下属能力的艰巨工作分配给他，而在其面临某种困境时要给予适当的指引，引导他如何起死回生。

领导要更加充分地认识下属，最重要的就是心灵上的沟通与默契。

领导只有能够理智地对其下属加以认识和沟通，才能使大多数的部属的才能得到更好的使用，从而发挥出更大的积极性。但在现实中，总有少数人的言行具有欺骗性，因而相对来说比较难以认识，往往会给工作带来负面影响。这就需要领导提高警觉，去伪存真，掌握下属的本质个性，更深入地了解下属。

作为一个领导者，要做到真正了解下属们的才能，就必须遵循下面五项原则：

1. 直接面谈

在谈话前，领导者首先应做好充分的准备工作：掌握下属的背景资料；考虑如何掌握谈话的主动性；学会怎样从谈话中去观察他的反应。听其言，观其色，从而便能够窥视到下属的思想水平、见识的多少。倾听时，要抛开下属的巧言令色，抓问题的实质。

2. 平时观察

在工作中，多注意下属的言行，比较他们所说与所做是否存在差距，发现问题要及时沟通。 平时主要观察下属与哪些人交往甚密，如何控制自己的喜怒哀乐，有什么志向与兴趣，等等。

3．留心考验

如果要了解一个人的真正品质和才学，要在实践中给他设"局"。 这个"局"有可能是一个具有针对性的工作任务，也有可能是一次社交活动，从完成的情况来看其是否言行一致。

4．他人评价

了解一个人，不仅要从正面了解，还要从侧面去打听，可以倾听其他员工对某人的评价。 一个人的思维或许太具有主观性，容易出现偏差，要记住"群众的眼睛是雪亮的"，你能够得到的信息越多，你对一个人了解得就越透彻。

5．工作绩效

即使下属说得再好，马屁拍得再多，也离不开一个铁打的准则，那就是工作成绩。 工作绩效这项硬指标，是衡量下属优秀与否的根本指标。

以细节来考察人

俗话说"知人知面难知心"，不知道有多少人为之徒发感叹。 知人之所以难，就难在没有留意细节。 "见一叶落而知岁之将暮，睹瓶中之冰而知天下之寒。"只要细心观察，就能窥一孔而知全貌，就能从细节上看出端倪。 在看似平淡的生活和工作中，我们往往是通过一些看似无谓的细节来观察人的，可以从细节得知其习惯，又通过习惯得知其修为。

有这么一个小故事：有一位先生在报纸上登了一则广告，需要雇一名勤杂工到他的办公室做事。报名者争先恐后，多达50人前来应聘。这位先生却出人意料地选中了一名男孩。有一位朋友有些纳闷，便问这位先生："你为何喜欢那个男孩？他既没有带一封介绍信，也没有任何人推荐。"他答道："你错了，他带了很多介绍信。他在门口蹭掉了脚上带的土，进门后随手关上了门，这说明他做事小心仔细；当他看到那位残疾老人时，立即起身让座，表明他心地善良、体贴他人；进了办公室他先脱去帽子，回答问题时干脆果断，证明他礼貌周全，很有教养。其他人都从我故意放在地上的那本书上迈过去，而这个男孩却俯身拣起那本书，并放回桌子上。当我和他交谈时，他衣着整洁，头发梳得整整齐齐，指甲修得干干净净。难道这些不就是极好的介绍信吗？我认为这比任何介绍信更重要。"

这则故事生动而深刻地向我们揭示了细节在识人中的重要性。

中美关系先驱亨利·基辛格在哈佛大学读书期间，想把政府学和哲学作为自己的主攻方向，于是，他就去拜访艾略特教授。

艾略特当时在政府学系是位泰斗级的人物。基辛格第一次怀着崇敬的心情走进艾略特的办公室时，艾略特教授正在埋头疾书。他见到进来的又是个本科生，颇为不耐烦，很不情愿地停住笔，给基辛格开了一长列书名，共有25本，让他回去细读；再写篇读书报告，比较一下德国哲学家康德的两部专著——《纯理性批判》和《现实理性批判》。艾略特让基辛格完成读书报告之前不要再来找他。第一次见面，教授三言两语就把基辛格给打发了。

基辛格的两位舍友听了之后都开怀大笑，劝基辛格不必太认真，因为之前也有许多人想拜艾特略为师，都因无法完成这25本书而中途放弃。而基辛格并不气馁，他从图书馆借来艾略特教授指定的图书，一本一本地认真看下去，每天都熬到深夜两点。三个月后，基辛格完成了读书报告，一大早将报告送到了艾略特的办公室。在基辛格之前，从来没有一名学生真正认真读完这25本书，也没有人写出过条理这样清晰的读书报告。对一名导师来说，要了解一名学生，看过学生的一篇读书报告就足够了。当天下午，基辛格便接到艾略特打到学生宿舍的电话。老教授对基辛格大为赞赏。从此之后，艾略特便将基辛格视为自己最得意的弟子，尽心栽培。

事物都是由无数个局部构成的，因此，局部可以反映出整体的某些特性。人也是如此，精明的用人者应从一些人的小动作、小事情中去了解他的本质。

一位人力资源部经理说："看一个人是否认真，不用从什么大的方面来看，就从那些细微的小事、下意识能做的事情中就可以得到答案。"

一家公司招聘新员工，结果来了不少应聘者。面试只有一道题，就是谈谈对工作的理解。对于这样的一个问题，很多人都认为简单得不能再简单。勤奋、敬业、负责……几乎每个人都从不同的层面阐释了自己对工作的理解。

然而，结果却出人意料——所有人都没有被录取。

"其实，我们也很遗憾。我们很欣赏各位的才华，你们对问题的分析也是层层深入，语言简洁流畅，令各位考官非常满意。但是，我们这次考试不是一道题，而是两道，遗憾的是，另外一道你们都没有回答。"经理说。

大家哗然："还有一道题？"

"对，还有一道，你们看到躺在门边的那个笤帚了吗？有人从上面跨过去，有的人甚至往旁边踢了一下，却没有一个人把它扶起来。"

"对工作的深刻理解远不如做一件不起眼的小事，后者更能显现出你的认真态度。"经理最后说。

看来，企业在选拔人才时十分看重员工对小事的态度。一叶知秋，小中见大，也正是这样的道理。世界上很多成功的人都是认真对待小事的人，也正是他们的这种工作特质，让他们取得了比常人更大的成就。

法国的"银行大王"斯蒂芬就是"小心拾起大头针"而被发现的。早在读书时，斯蒂芬就立志要当个银行家。大学毕业后，他鼓起勇气来到巴黎一家最有名气的银行碰运气。结果很不理想，吃了个闭门羹。然而这位年轻人雄心勃勃，并不气馁，又先后走进几家银行去求职，可是连连被拒之门外。几个月后，斯蒂芬再一次去了开始到过的那家最好的银行，并且有幸见到了董事长，但是又遭拒绝。他慢慢地从银行大门出来，突然发现脚边有一枚大头针。想到进进出出的人可能会被地上的这枚针所伤，小伙子马上弯腰将其拾了起来，然后小心翼翼地放进了旁边的垃圾桶里。

第二天斯蒂芬意外地发现自己的信箱里有一封信。拆开信封一看，天哪！原来是那家赫赫有名的银行发出的录取函。这真是喜从天降，斯蒂芬怀疑自己是否在做梦。原来，斯蒂芬昨天在银行大门外拾起大头针的一幕被董事长看见了。他认为精细小心正是银行职员必须具备的基本素质，于是改变了原先的想法，决定录用这个年轻人。正因为斯蒂芬办事负责认真，对一枚针也不粗心大意，所以能在工作中创造辉煌，日后成为法国的"银行大王"。

这些事例都说明了同一道理，领导者要独具慧眼，善于由显见隐，从貌似平常的事物中发现下属的不凡的特质；学会由小见大，从一些细小的事情里，透视出人才的重要特质。

用时间来识别人

俗话说："路遥知马力，日久见人心。"要是没有所谓看穿根底的慧眼，那么比较笨的办法就是让时间来说话了。但是，在录用人才的时候不能看出人的能力，等到用人做事情的时候也许就晚了。因此，也许有的时候，这个办法不具备可操作性。不过，这是比较有效的最终判别方法。

据说，传国玉玺就是用著名的和氏璧雕刻成的。而和氏璧这样珍贵的玉石，在发现之初的很长时间里一直被当作是一块普通的石头。

和氏璧出现得很早，在春秋时期就被发现了。发现和氏璧的是楚国人卞和，卞和在荆山里得到一块璞玉，就是带着石头外皮的玉。卞和捧着璞玉去献给楚厉王，厉王命玉工查看，玉工说这只不过是一块石头。厉王大怒，以欺君之罪砍下了卞和的左脚。

厉王死，武王即位，卞和再次捧着璞玉去见武王。武王又命玉工查看，玉工仍然说只是一块石头，卞和因此又失去了右脚。武王死，文王即位，卞和抱着璞玉在荆山下痛哭了三天三夜，哭干了眼泪，接着又哭出了血。

文王得知后派人前去询问，问道："普天之下被砍去双脚的人很多，你为什么哭泣得如此悲痛？"卞和说："我并不是哭我被砍去了双脚，而是哭宝玉被当成了石头，忠贞之人被当成了欺君之徒，无罪而受刑辱。这就是我所悲痛的原因。"于是，文王命人剖开这块璞玉，见真是块稀世之玉，就命名为和氏璧。

和氏璧是绝世之宝，后来辗转流落到了赵国。秦王听说了，愿意用十五座城池来和赵国交换和氏璧。虽然这是秦国的计谋，秦王也许并不真打算用城池来换和氏璧，只是为了把至宝骗到秦国，但也反映了和氏璧在当时人们心目中的价值。

这样的奇珍，却在很多年里一直被人们当作普通的顽石，可见识物之难。而识人之难也就更可以想象了，因为人性显然比玉还要复杂得多。

日本企业家堤义明一度排名世界首富。他之所以能把本来中等规模的一家企业——西武集团，发展成为世界著名的大集团，是因为他有许多独到的经营理念。在人才任用上，堤义明的思路也很独特，而且堤义明很善于从细微处发现人才。

堤义明很讨厌"聪明人"，对那些工作一上手便能干得十分出色的冒尖的员工，从不轻易给予重用。他的原则是"看人看三年"，不到三年不做评价。因为他发现，一时干好并不难，难的是长期把工作干好。少数"聪明人"头一年的表现十分出色，第二年起就开始动脑筋偷懒。倒是那些起初成绩平平的人，一旦进入角色，便能坚持长久地埋头苦干。堤义明的这一主张源自他对公司员工工作性质的独到见解，即他们应做马拉松运动员，而非短跑选手。

堤义明觉得那些在刚开始动作迟钝的、缺乏表现力又其貌不扬的员工，也许领悟力较差，不容易掌握工作要领，但一旦他们掌握了，就绝不会偷懒。而且，这种人还担心如果自己不加紧努力就会被人赶上，所以努力不懈，即使别人不愿做的工作他们也做。

正是因为有了这种独特的思路，堤义明对经理和子公司的社长的提拔方法也别具一格。那些能言善道、思路敏捷而又自命不凡的人，基本上是不会被安置在重要的岗位上的。

堤义明表示，一项工作如果不做上 20 年，就不会成为真正的专家。西武体系的旅馆和高尔夫球场的经理，多半在同一职位上持续工作了 10 年。

在堤义明的观念里，员工进公司三年以后才能对其做出评价，否则就不知道其真正的价值。堤义明对待员工的一项基本原则，就是绝对不开除员工。但他一直要求员工应该忠诚，员工在发挥才能的同时，更应该把重心放在如何忠实地依从公司的旨意来做事。所以，在堤义明公司里工作的员工，就有足够的机会和时间来获得准确的评价。

领导者有犀利的眼光，能够一眼就从蛛丝马迹中看出人的斤两，那当然最好。要是不能，那就需要长时间地观察之后，再来下结论。和氏璧的故事告诉我们，时间对于了解真相是多么的重要。迫不得已的卞和，最后实际上是用时间换取了真相，当然还不幸地失去了双脚。

堤义明考察人才的办法，同样也是用时间换机会。应该说，这是一个非常谨慎的原则。本质上，堤义明也许不是讨厌聪明人，聪明人并没有什么不好，可以更好地完成工作，只不过，堤义明要求的是人才的可靠性而已。

第二章
揽才方略:招聘人才有方法

　　现代企业的竞争,其实就是人才的竞争。因此,在进行人才招聘的时候,不仅要讲求速度和效率,还要掌握正确的招聘方法和策略,以保证能在最短时间内做出明智的人才聘用决定,从而为企业聘到最佳人才。

制定吸引人才的策略

企业是市场竞争的主体，人才是市场竞争的主力，企业没有一大批实力雄厚的人才作支撑，犹如军中没有骁勇善战的将士冲锋一样，必然会吃败仗，甚至陷入全军覆没的危险境地。

市场中的人力资本在很大程度上同其他资本形式一样，是趋利的，人才的流动类似于水的流动，"水往低处流，人往高处走"。人才是企业在知识时代竞争的利器，保证人才安全，形成一支优秀的复合型人才队伍，是企业长期生存、发展的战略性任务。因此，企业除在短期迅速制定预防措施，还要建立基于长期的吸引核心人才进入和留住的策略。

美国《财富》杂志从 1000 多家大中型公司中挑选了 206 家公司，并对这些公司的 2.7 万名雇员进行了调查，从中评选出最受美国就业者欢迎的 100 家最佳公司。从中，人们不仅可以看出这些公司吸引人才的策略何在，也可以了解到一家优秀的公司是如何留住优秀的人才的。一些企业吸引人才的策略有以下几种：

1. 运用薪资、福利

美国 IBM 对员工水平的要求是相当高的，但是，在报酬上，绝对不会低于任何一家同行企业，只要你有能力，能为公司做出贡献，那么你得到的报酬绝对要大于你的理想收入，而且公司的福利待遇更是不低于其他同行企业。 另外，IBM还有多种的奖励措施，来激励员工的研发、创新潜力。 例如，提出建设性意见如果被采纳，那么根据你的意见所取得的收入，将有3%~5%属于你自己等。 再加上公司的知名度以及一流的管理，难怪会成为众多人才向往的地方。

这种模式可以满足人才日常生活的基本需要，使他们可以安心专注于本职工作，也提供了充分调动人才积极性所必需的物质激励。 企业应该根据自身的实力和实际条件，制定一套有自己特色的灵活的薪酬制度，一般可以采取"底薪+奖金"的模式；另外，企业应积极参与社会福利制度的改革和建设，按照法律的规定，根据自身条件，努力建立较为完善的福利保障制度。

2. 运用职业培训

美国通用汽车公司把职工的教育和训练放在重要地位，认为职工技术水平和文化水平的高低，对生产率的影响很大。 公司内部设有各种类型的技术学校，科研人员和工程师也经常在公司内外的各种机构里接受新技术的培训。 该公司的职工从进公司到退休，一生中要不断接受各种各样的训练，这种再训练和再教育使得职工的知识不断更新、适应日新月异的科技发展形势。

公司对管理人员可采取三种培训方式：

（1）在职培训。 通用汽车公司各级管理人员的一项重要任务，就是在实际工程中对下级人员进行培养，提高下级人员的管理水平。 培养下级人员差不多要占去一个管理人员大半的工作时间，因此，在该公司中能不断涌现出各种管理人才。 通用汽车公司每年还要去大学或研究院聘请获得管理学硕士学位的研究生，经过一段时间培养观察后，再派往一些公司担任经理职务。

（2）离职在企业内培训。 通用汽车公司内部为管理人员设有专门的培训中心，该中心经常举办高、中、低级管理人员训练班。 培训紧密联系公司工作的实际，着重解决职工实际工作中遇到的难题，其师资来源一是公司内有经验的管理人员，二是到外面去聘请各方面的专家。 这种针对需要而进行的训练，提高了管理人员的素质，效果很好。

（3）将管理人员派往大学和专门机构去进行培训。 通用公司根据本公司人员的情况，将他们分别送到国内大学或专门机构开设的培训班进行学习。 并将各种管理人员（包括高级经理人员在内）送往大学接受正规的大学管理教育或进研究院学习，有的期限长达数年。

人才都是在不断学习、不断进步的，企业采用培训的方式来吸引人才，正可谓是明智之举，这样那些有上进心的人才一定愿意来你的企业接受培训，掌握新知识、新技能。 通用公司正是利用这种多层次、多角度的培训，吸引了很多的求职者来到公司接受培训，并最终成为公司的优秀管理人员。

3. 运用企业文化

松下电器公司获得成功的一个重要因素是"精神价值观"在发挥作用，公司提出了"产出报国、光明正大、团结一致、奋斗向上、礼仪谦让、适应形势、感恩报德"七方面内容构成的"松下精神"。 松下电器公司是日本第一家有精神价值观的企业，在解释"松下精神"时，松下幸之助有一句名言：如果你犯了一个诚实的错误，公司是会宽恕你的，把它作为一笔学费；而你背离了公司的价值观，就会受到严厉的批评，直至解雇。

与此同时，松下公司注重感情投资和感情激励，值得一提的是他们的"送红包"，当你完成一项重大技术革新、当你的一条建议为企业带来更大效益的时候，老板会不惜代价地重赏你。 松下公司成立的"提案奖金制度"更具特色，每年职工提案达663475条，其中被采纳的有61209条，约占10%，每年用于职工提案奖金达30万美元。 至于逢年过节，或是厂庆，或是职工婚嫁，厂长经理们会慷慨解囊，请员工赴宴或上门贺喜、慰问。 在餐席上可尽情唠家常，谈时事，提建议，气氛和睦融洽，它的效果远比在讲台上向员工发号施令好得多。 久而久之，在松下公司就形成了上下一心、和谐相融的"家庭式"企业文化氛围。

我国企业长期以来缺乏对企业文化建设的重要性的认识。其实成功的企业文化对于企业员工潜移默化的作用有时比物质的激励更为有效。 企业文化是一定社会、经济、文化背景下的企业，在一定时间内逐步形成和发展起来的稳定、独立的价值观以及以此为核心而形成的行为规范、道德准则、群体意识、风俗习惯。 一个企业的文化，会强烈影响一个企业对员工的根本看法，并影响该企业的领导风格、领导方式、组织的结构及其关系、企业控制职能的应用方式。 而这些都是企业能否有效吸引住人才的主要影响因素。 一个良好的企业文化不但可以激发全体员工的热情，统一企业成员的意念和欲望，齐心协力地为实现企业战略目标而努力，而且还是吸引和留住人才的一个有效的手段。

4. 运用职位升迁

以经营连锁店而久负盛名的日本大荣公司曾经发生过这样一件事，大荣公司差不多每天都要进货，由于货物较多，卸下来后通常来不及运进仓库就杂乱地堆放在商店进门处，影响了顾客自由出入。怎么解决这个问题呢？一位从别的部门来的新员工说，既然货物暂时无法送进仓库，何不把货物整齐地高高堆放在商店里呢？结果这位新来员工的一句话，诞生了大荣公司独有的"前进立体陈列"经营法。这种方法就是在货物卸下来后，不必运进仓库，就在面对过道的地方，将商品整齐地高高堆起。这样做的好处是，可以以商品的丰富程度来吸引顾客，引起顾客的购买欲望，促进销售。结果，大荣公司实行这个新的经营法后，果然销售量猛增。而这个新员工也被提升为销售部门经理，因为他有着比别人更为独特、更为灵活的销售头脑。因为这个员工的提升，公司中掀起了勇提建议的小高潮，而这个销售部门经理的工作热情更是非常饱满，使公司上下呈现出热火朝天的场面。

可见，满足了人的这种升迁的需求，有利于留住人才和提高干劲。因为人是有各种各样的需求的，根据马斯洛的需求层次理论，人不但有物质的需求，也有精神上的需求。因此，创造恰当的非物质的条件，也是吸引人才的一种重要的手段。而使人才在工作中得到满足是一种行之有效的方法。根据人才自身的素质与经验，结合企业内部的实际情况，依照企业的目标策略，给人才设置挑战性的工作或职位，使其能够在工作中得到发展的空间，不但满足了人才自我满足、自我实现的需要，同时，也使得人才在工作中得到了锻炼，反过来也有利于企业的发展。

通过以上几家公司吸引人才的策略可以看出，一个企业要想吸引员工接受工作，就必须制定一套吸引人才的策略，要充分地分析企业的优势和劣势所在，发挥优势，弥补劣势，最大限度地吸引合适的员工留在企业，为企业创造价值。

那么，企业在招聘过程中，应该根据哪些因素来制定吸引人才的策略呢？具体包括以下几个方面：公司的招聘广告或招聘推广活动吸引力如何；公司提供的薪金与同行其他公司提供的薪金水平相比吸引力如何；是否有员工非常渴望得到的福利项目；能否在公司里得到高效的培训；在公司里晋升前景如何；公司的地理位置是否在员工认为方便的范围内；公司的人员素质和文化氛围是否被员工所喜欢；公司的知名度和声誉如何；工作的内容是不是员工感兴趣的内容，以及工作内容的挑战性和新颖性如何；工作时间和强度如何，是否经常出差，是否经常加班；工作的环境如何；员工的职位是否吸引人，是否是管理职位或专家职位，等等。企业吸引人才的策略不仅对员工的行为有导向作用，还会影响员工的心理感受和对企业的认同，决定了员工的投入、积极性甚至去留。因此，企业不能仅仅将这种策略看成是条文和手册，要从员工的心理角度去揣测员工的反应和情绪，发挥该策略的积极规范引导作用，消除由于策略的不科学而引起的对员工心理的伤害，为员工提供一个公平的内部环境，激发员工的积极贡献。

值得注意的是，在制定策略的过程中，也应该时刻关注竞争对手的动态。这些竞争对手通常是指企业员工可能会选择的替代性工作机会。竞争对手的情报能为我们制定出更好地吸引人才的策略提供帮助，更好地对抗竞争对手。

建立人才储备库

　　人才储备是指根据公司发展战略，通过有预见性的人才招聘、培训和岗位培养锻炼，使得人才数量和结构能够满足组织扩张的要求。 建立人才储备库应与变化的环境，尤其是它的市场、消费者或者客户相匹配，以便在对未来发展预期的基础上，满足企业的人力资源需求，包括人员数量、结构，人员所拥有的知识、能力和水平等。 同时建立人才储备库也构成了公司人力资源规划的重要组成部分。

　　人才储备贯穿于企业发展的全过程，但容易被忽视，特别是在一些规模小、成长快的企业。 例如：某公司是山东一家知名私营科技企业，近年来取得突飞猛进的发展。 然而随着市场扩大，公司的各种资源被利用到了极限，市场营销、产品开发、财务管理等各个部门都处于超负荷运行状态。 管理层明显感到在用人上捉襟见肘，顾此失彼，公司发展后劲不足，发展速度趋于下降。

　　该公司出现上述症状的原因在于没有建立起一个完备的人才储备库，以致人才不能满足组织膨胀的需要，即人力资源与公司发展脱节。 这种症状是处于高速成长阶段的企业的常见病。 当公司经营活动以远高于人才增长的速度发展时，就会产生人才缺口（包括数量和结构两方面），这时高速成长带来的副作用也显现出来：员工满负荷工作，身体透支、知识老化、效率下降；市场服务能力不足，产品质量下降；技术储备缺乏人力推动，无法应对将来产品进入衰退期的市场战略转型；后续激励不足，员工跳槽等。

可见，人才储备不足，轻则会减慢企业发展速度，重则可能被企业自己的快速成长拖死。所以建立人才储备库是企业人力资源管理工作的重点，主要应做好以下三方面的工作。

1. 做好关键岗位的继任规划

二八法则告诉我们，一个企业利润的80%是由20%的人创造的，一个组织80%的岗位中只有20%属于关键岗位。

组织成败兴衰的关键就在于组织的主要管理者或技术骨干人才的素质、能力与水平。抓问题的关键，就能解决问题。解决20%的关键岗位的继任计划，几乎能留下80%的人才。

正是基于这个道理，世界大型企业为了夺取世界一流的竞争者地位，保持和加强长期超过竞争对手的优势，都非常重视关键岗位人才的继任规划，包括挑选规划、培养规划、使用规划，以及关键岗位所需要人才的观念、知识的现代化。国外成功企业的总经理、厂长一般都具有优秀的素质、高超的水平。

发达国家成功的大企业为保证企业的成功和留住优秀的人才，对关键岗位人才的挑选都是十分认真和严格的，建立一套人才库，然后从中选择优秀人才。看看美国通用电气公司董事长琼斯是怎样挑选自己的候选人的，就应该能够明白建立人才储备库对于一个企业是有多重要。

美国通用电气公司具有100多年的历史，一直保持着青春活力，其秘密就在于有一套良好的择才规划。

1973 年，琼斯在 56 岁时任通用电气公司董事长兼总经理，离通用电气规定的 65 岁退休，还有 9 年时间。按说，他不用急着去找接班人，但是他在任期第二年就开始寻找和培养接班人。

琼斯首先确定了挑选总经理的两个原则：一是不选和自己的作风、管理风格、思维方式相同的人，因为只有这样才能保持公司的创新思维，在变革中求得生存和发展，避免通用电气老化；二是对候选人的年龄不做要求、不论资排辈，只要有能力、有潜力、有创见就可以。然后，他要求公司主管人力资源的经理和幕僚提交一份有 96 名候选人的名单，他在该名单中按照事前确定的标准挑选出 18 人。

但是他惊讶地发现，他最欣赏的一位，别具一格、富有才华、有潜力、在外地工作的 39 岁的杰克·韦尔奇却不在其中。他找到人力资源部的总裁，问到底是怎么回事。人力资源部总裁认为，杰克·韦尔奇能力是不错，但就是太年轻，不符合通用电气公司总经理年龄必须 50 岁以上的传统规划要求，而且在中层管理人才中属于不怎么听话的，牢骚也有点多。琼斯表示，这样不行，违背了他择人规划的两个原则，不同意人力资源部的观点，立即把杰克的名字写上，最后确定筛选名单为11 人。

5 年后，经过严格考察、考核和反复调查，琼斯正式向董事会主管人事的 5 位董事推荐正副总经理候选人，并强调指出："虽然杰克·韦尔奇是最年轻的，作风、风格也与众不同，但他能力超群，足以胜任总经理的新职务。"

又过了 15 个月，董事会所有成员对正副总经理候选人进行了全面的接触、了解。1980 年 12 月，在琼斯退休前两年，董事会正式任命杰克·韦尔奇为总经理。当时，韦尔奇才 45 岁，是美国通用电气公司百年历史上最年轻的总经理。由于杰克·韦尔奇勇于创新，敢于开拓，最终使美国通用电气公司立于新的不败之地。

通用电气公司因提前做好关键岗位的继任规划，从而顺利完成交接。可见，做好关键岗位的继任规划是人力资源规划不可忽视的一个关键步骤。

2. 建立涵盖广泛的人才储备库

要保证人力资源规划活动的成功，必须能够预测组织中潜在的人员过剩或人力不足，预测人力资源未来的流失率，减少组织在关键环节对外部招聘的依赖性。

国外一些大型企业中，都有一个很好的人才储备库计划，就是选择和培养一定的人才，纳入"后备人才"行列。虽然这些职位不一定是主管、经理等关键职位，而是涵盖非常广泛的各种上级职位。一些年轻人可能不会都当上经理、主管，但只要纳入"后备人才"就看到了远景和希望。基本上没有人会在被列入"后备人才"后离开单位。

建立人才库的目的就在于，当组织在任何时候出现职位空缺，都能在最短的时间内找到比较合适的候选人来填补。为了做到这一点，组织必须经常性地对人才的需求情况进行分析，并通过一定的手段选择一些后备人才，而不应等职位出现空缺之后再去考虑吸引人才和留住人才。

　　著名家用电器公司，瑞典伊莱克斯公司（Electrolux）拥有近10万员工，在全球60多个国家设有分公司，产品销往160多个国家。在电冰箱、洗衣机、洗碗机、微波炉等所谓"白色家电"领域，伊莱克斯公司在世界上少有敌手。该集团总裁迈克尔·特雷索说："衡量一个公司是否成功，一要看利润，二要看占有的市场份额，达到这两个目的的关键在人才。伊莱克斯将教育培训能适应各国业务的人才作为公司发展的重要目标，注重结合现代信息技术，让每位员工都享有公平的受教育机会，并采取开放内部劳动力市场的做法，在公司内招聘能人，努力做到人尽其才。"

　　伊莱克斯集团目前在全球约有5000名经理。这5000人能否有效地发挥作用，直接关系到集团利润和市场份额两个关键指标。伊莱克斯集团非常重视这部分人才的规划，于1995年专门创立了伊莱克斯大学，在全球各地举办业务研讨会，实施培训规划等。另外，在伊莱克斯的人力资源甄选规划中，非常注重吸收不同文化背景、不同民族的人才，以保证人才的多样性。

　　伊莱克斯的人力资源规划非常重视人才自己的职业规划，注意在实现公司长远利益的同时，实现每位人才的成长和利益。每位人才都要明确自己的工作职责，每位经理必须为自己属下员工的个人发展创造良好的条件。伊莱克斯的每一位人才，从进入公司的那一天起，就要明确自己的发展目标。不到一年，每位独当一面的经理都要与员工单独见面，交换彼此对对方的看法和期望，确定切合实际的发展目标：今年应达到什么目标、应该学些什么业务知识、如何提高个人竞争力等。

在伊莱克斯人力资源规划里，内部劳动力市场制度也占有重要地位。1997年，伊莱克斯集团制定制度，凡出现职位空缺或在岗人员不能胜任时，所在部门的经理必须将空缺的具体职位、候选人能力与资格要求等信息输入到集团公司内部的人才数据库网络，在整个集团内招聘合适的人才。当然，如果在集团内部不能招到合适的人才，就要向全球公开招聘。

为了适应经济全球化和企业经营本土化的要求，伊莱克斯集团公司规定，每年挑选15名顶尖级管理人才，制定培训规划。计划用3年时间，将他们轮流放到全球不同的地方实践和锻炼，积累国际工作经验，同时接受高级管理培训，准备今后担当国际业务高级经理的重任。正如特雷索先生所说："只有拥有一批国际化的人才，才能保证伊莱克斯公司今后的发展。"

通过伊莱克斯集团公司的人才储备战略可以看出，要保持人力资源规划的成功，首先必须建立自己的人才库。如果总是等到需要的时候再去寻找候选人，就可能花很长时间也找不到合适的人，而不得不降低对人才的要求，这只会影响企业的发展。

3．不断扩大潜在库存

人才储备库也应该不断扩大更新，随着市场环境的变化，不断扩大企业人才库的容量，加强企业的后备力量。主要应该注意以下两方面：

首先，可以充分利用互联网。互联网为人才提供了一个找工作的新天地。从小职员到 CEO，基本上在互联网上都可以找到。一名人力资源经理说："我从来就没有想过我们可以在网上招到一个股票分析师，但事实上我们的确是这样找到的。"

很多人才利用互联网来宣传自己。一是因为高级人才上网的机会比较多，对网络运用比较频繁和熟练；二是高级人才一般都拥有工作，如果不满于现状，大都通过网络进行求职以节约时间并且不会被现在的组织发现；三是高级人才一般也希望将来的单位信息化程度比较高。实际上，互联网上的一些人力资源网站提供了一个庞大的人才资源数据库。

人力资源部门还可以搜索与自己所需相类似的人才，看看有多少家企业在这个网站上发布职位，那么在正式的人才战争中，就会明白有多少个同行业对手在和自己竞争，然后确定可以用什么样的策略来留住需要的人才。如果搜索结果是一长串的名单，就知道自己的规划应该怎么做了，至少薪酬应该具有竞争力吧。

其次，要充分开发人力资源库的源头。上海通用汽车就特别注意这一点，以研究为突破口，扩大自己的源头。

1998 年，上海交通大学的于文江博士获得了该年度的"通用汽车中国科技成就奖"，他的研究项目——"子午线轮胎模具铝花块精密铸造"技术不仅用于别克车，而且用于通用在全球的其他品牌。 2000年11月8日，9名中国科学家获得通用汽车中国科技成就奖，湖南大学机械与汽车工程学院院长钟志华教授获得了1万美元，其余8位每人分得3000美元。 当日，通用汽车中国科学研究基金成立，该基金总额为100万美元，除颁发科技成就奖以外，将全部用于项目研究。 通用汽车在中国汽车研究领域频频出手，使得我们不得不对这家世界最大的汽车集团在中国的人才战略规划给予关注。

通用汽车公司在全球有非常多的分支机构，但它一直希望能立足于当地的发展，推行全球化和本土化相结合的道路，培养和使用本地人才。

作为世界汽车业巨头之一，通用汽车做好了资金和市场研究的准备之后，就把目光盯在技术的提升上。 而技术提升的关键是人才，人才的"本土化"则是重中之重。 通用汽车的高级管理层深知，在美国之外的海外市场，只有"本土化"的人才才能坚定"本土化"的产业，只有"本土化"的产业才能在"本土"取得成功。

1995年和1997年通用公司分别与清华大学、上海交通大学建立技术研究院，旨在增加本地大学生的理论和实践能力。2000年11月4日，上海通用汽车公司与国家环保局和国内5所高校分别签署协议，就汽车废气排放控制和汽车材料进行深入合作研究。 通用中国公司与清华大学、上海交通大学、西安交通大学、吉林工业大学和中国科学院、兰州化学物理研究所签署正式协议，建立汽车材料及摩擦学研究联合体。 据统计，通用公司投资与中国的科技合作超过20项。

通用的这种人才战略规划，以强大的资金为支持，具备了其他汽车厂所没有的优势，将整个中国有汽车研发能力的高校变成了自己的人才储备库，不断为自己填充新鲜的血液，使之成为同行业中的领军企业。

人才储备库是一种全新的人才管理服务模式，一种实现人力资源合理配置的有效手段。该模式基于现代网络，以开放式管理、个性化满足为主要特点。凡是企业急需的技术型人才、工厂生产大量需要的技工人才以及高新技术产业、支柱产业、新兴产业、重点工程紧缺急需的人才，都应该是人才储备库选才的重点所在。它通过利用网络优势，充分收集人才信息，以及高校的毕业生资源，然后给予严格筛选，合理分类，为企业提供了大量的储备人才。

不可或缺的工作分析

工作分析是对企业组织中各工作职位的岗位设置目的、岗位职责、岗位工作内容、工作关系、工作环境等工作特征以及对完成此工作员工的素质、知识、技能要求进行调查后并进行客观描述的过程。

工作分析到底需要分析什么内容呢？不同的企业有不同的做法。最简单的工作分析就是把职位的工作内容进行描述，这种做法在我国企业还是比较普遍的，尤其是那些快速增长的中小型企业。工作分析就是明确工作职责，而系统复杂的工作分析简直是包罗万象，不仅包括工作说明和任职资格，还包括绩效考核指标、职业发展路径等重要组成部分，进入稳定期之后管理比较规范的企业往往会选择系统复杂的工作分析。

　　企业大量的管理实践表明，充分科学的工作分析不仅为与工作有关的人事决策奠定了坚实的基础，同时也可促使员工较深刻地理解自己所从事的或即将从事的本职工作对自己行为方面的要求。 好的工作分析能使企业充分利用人力资源，做到人尽其才，并且有利于科学评价员工实绩和有效地激励员工，进而可以为企业创造更多的利润。 下面就来看看阿莫科公司是怎样用工作分析来增加收益的。

　　　　当阿莫科公司雇用新的钢铁工人时，最初是要把他们安置到一个临时分配性的普通劳动备用库中，直到永久性的岗位有了空缺。临时分配与永久性的分配不同，新雇用的钢铁工人可以被安置到普通劳务备用库的任何一个地方，所以每个求职者在被雇用时必须符合做所有工作的资格要求。

　　　　这种情况为阿莫科公司提出了一个大问题，因为它不知道普通劳动备用库中每项工作所需要的具体资格要求，因而无法测定求职者是否完全符合完成其最初临时工作的资格要求。如果一名不合格的工人被安排到一个岗位上，那么阿莫科公司就可能面对生产效率的下降以及事故风险的提高。如果发生一次人身伤害事故，那么阿莫科公司将不得不面临诉讼、医疗支付、工人的补偿要求以及代替受伤工人的人员支出，所有这些都将导致成本上升。

　　　　为了解决这个问题，阿莫科公司首先确定普通劳动备用库中每项工作的必需资格，然后对所有求职者进行测验，只有那些通过每项测验的求职者才会被雇用。

在这一过程中，工作分析起了某种关键性的作用。为了识别与各种工作有关的活动或任务，并确定完成它们所需要的技能（例如：力量、平衡感、灵活性），该公司的人力资源部专业人员们分析了普通劳动备用库中的每项工作。通过观察正在完成其工作的工人们并与他们的主管面谈，人力资源部专业人员获得这种信息，然后再选择测验，以测量这些技能。

为确定与使用这些测验，阿莫科公司首先把它们用在目前的雇员身上，然后把高测验得分的工作绩效与低测验得分的工作绩效进行比较。阿莫科公司发现，与那些在测验上表现不好的人相比，那些在测验上表现优秀的人工作起来要好得多，高分者是低分者的工作量的两倍。

这一发现使阿莫科公司能够估计测验方法所带来的生产收益：每人每年为4900美元。也就是说，人们可以期待，用这些测验挑选出来的人比未用这些测验挑选出来的人每年要多4900美元。因为该公司每年要雇用大约2000名入门水平的钢铁工人，所以由使用这些测验所带来的每年的生产收益差不多是1000万美元。

这些测验所测定的是重要的工作技能，这一事实带来了测验方案的成功。 通过识别那些技能，工作分析为该测验方案奠定了基础。 可见，工作分析是企业一切活动的基础所在，它对于正确分配员工岗位，有效利用合理资源，进行人力资源管理都有着不容忽视的作用。

概括起来讲，工作分析作用于人力资源管理大体包括以下几个方面：

1. 人员甄选与录用

企业都非常重视员工的学历，在用人时片面强调高学历，人力资源部门在招聘时常常硬性要求应聘者最低是大学生，动辄要求研究生。然而，用人部门对人力资源部门的"高标准"并不领情，因为在实际工作中，高学历员工并不具备从事一线生产人员所需的素质，而且容易因为感觉"屈才"而萌生去意，导致很多员工像是过山车一样，屁股还没坐热就走了。

这是一个典型的现象，由于没有组织工作分析而不能客观界定任职资格，所以在招聘时没有可遵循的依据最后导致员工高流失率。那些员工流动率较高的企业经常埋怨说员工对公司缺乏忠心，其实这只是问题的一方面，另一方面是员工条件和职位要求可能并不匹配。任职资格匹配就意味着正好满足，条件太低不行，条件太高了也不行。要想让应聘者和职位正好匹配起来，就需要组织工作分析，通过工作分析可以获取有关职务的任职资格信息：包括性别、年龄、学历、专业、工作经验、知识技能、社会交往能力等，这些信息是组织进行人员甄选录用所依据的基本标准。

2. 制定培训计划

应该说培训越来越受到企业的重视，很多企业在编制培训费用预算时可谓一掷千金，但是培训的效果总是不尽如人意。

要不培训就是走形式，要不就是培训成为一种负担，员工不愿意参加培训。 究其原因，很多企业忽略了培训需求分析，习惯性把传统"填鸭式"教学方式带到培训管理上，导致培训内容和员工的培训需求相脱节，所以培训不能获得预期效果就不足为怪了。

实际上，通过工作分析可以确定工作职责以及相应的工作要求，在此基础上建立适当的指导与培训内容。 这样培训所涉及的工作内容和责任才能准确地反映实际的工作要求，使员工在培训中学到的知识技能与未来的工作实际应用相一致，提高员工参与培训的主动性，在支付合理的培训费用时还可以获得较好的培训效果。

3. 绩效考核

很多企业年年都考核，但是发现兴师动众的考核并没有帮助企业员工提高绩效，有的甚至还出现一些负面影响。 其中原因可能包括很多方面，其中最重要的原因之一是没有明确界定职位的职责。 "绩效考核"顾名思义就是要考核"绩"和"效"，也就是说考核员工的职责履行情况，具体来讲就是"工作业绩"和"工作表现"。 所以设置考核指标要根据不同的职位来合理设置，也就是说要把员工的职责履行情况当作绩效考核的主要依据。

通过工作分析，可以明确职位的职位设置目的、工作职责和工作内容等信息，这些信息是组织进行绩效考核的基本依据。

4. 确定薪酬等级

现在企业在设计薪酬体系时，职位价值是确定该职位薪酬等级的主要依据，所以要对每个职位的职位价值进行评估，而不管采用哪种评估办法，都是把通过工作分析得到的任职资格（包括学历、工作经验和工作技能等）作为职位价值评估的主要要素。

"没有最好，只有更好"。管理提升无止境，私营企业的人力资源管理体系建设也需要脚踏实地一步一个脚印，而第一步往往是最关键的。所以，构建人力资源管理体系，从工作分析开始!

工作分析是企业人力资源管理过程中一个重要的基本工具，它给出了一项工作的职责，与其他工作的关系，所需的知识和技能，以及完成这项工作所需的工作条件。工作分析以及由工作分析获得的有关信息是一个企业开展招聘工作的基本前提。实际上，来自工作分析的信息资料对人力资源管理活动的每一个方面都有着很重要的影响。

清晰了解招聘程序

招聘程序是指从出现职位空缺到候选人正式进入公司工作的整个过程。程序即为程式化的按一定顺序组成的工作步骤。人们在长期的人力资源管理实践中总结出了一套行之有效的招聘程序，科学地按照这套程序来进行招聘，不但可以提高招聘效率，网罗到私营企业所需要的人才，而且还可以节省工作时间，降低成本。因此，它是一名人力资源工作者所必须掌握的。

让我们先来看看美国丰田汽车公司的招聘程序：

整个雇用过程大约需 20 小时，包含六个阶段，分别在 5 至 6 天内完成。

第一阶段由雇用服务中心的 Kentucky 部门负责。在那里，应征者填写申请表，表上记载了他们的工作经验和技术能力，然后观看介绍丰田公司工作环境及甄选制度的录像带。这个步骤大约需要 1 小时，使所有应征者对丰田公司的甄选程序有所了解。许多人在这一阶段就退出了。

第二阶段也是由雇用服务中心的 Kentucky 部门负责，其目的在于评估应征者的专业知识及潜能。这时应征者要接受美国雇用服务的一般性测验，以评估解决问题的能力、学习潜能和职业偏好，有经验的应征者还要经过一般实际操作测试。雇用服务中心评估完后将结果交公司总部（有许多雇用公司都提供这种预先筛选服务）。

在第三阶段时，公司总部接手筛选程序。这时的目标是为了评估应征者的人际关系及作决策的技巧。所有的应征者都要参与一个由公司的评估中心举办的为期 4 小时的活动，内容是问题解决及群体讨论。活动在一个与外界隔绝的地点举行，公司的甄选专家们可以仔细地观察他们活动的情形。

解决问题的活动通常是个别执行的，用来评估每位应征者解决问题的能力，如洞察力、创造力。典型的方式是应征者接到一个生产问题的简短描述后，由他自己去整理问题，并向一位扮演员工角色的顾问提出问题，最后填写一张报告，里面包含他认为出现问题的原因是什么，然后提出解决的建议方案，并且陈述其理由。

小组讨论活动的目的则是显示应征者如何与他人互动。一般参加者所扮演的就是公司员工，他们组成一个小组，负责为下年度的汽车生产找出新的特色，然后一起讨论，并且须对各特色重要性的优先次序达成共识。

同样在第三阶段，应征生产线职位的应征者还需参与一个5小时的生产线模拟讨论。其中的一段是由应征者扮演公司的管理人员或生产人员，在经过讨论后，小组成员必须决定应该生产哪些产品、如何生产以及如何有效地分派人手、原料并熟悉生产预算。

第四阶段是1小时的群体面谈，由应征者与面谈人员讨论他们过去的成就，在这个阶段使公司可以了解驱动这些人努力工作以及使他们成功的因素是什么。在这个阶段中，还提供了一个观察每个人与他人互动情形的机会。

第五阶段是那些从第四阶段中脱颖而出的应征者，接受两个半小时的身体与药物检查。

第六阶段是对新员工施以一个简短的工作训练，以观察评估其在此后6个月的新进人员训练过程中，发展其技术与潜力的能力。

美国丰田汽车公司董事长说："你也许会惊讶，我们的甄选过程及雇用程序是如此的费精力，它的目的并非为了迅速弥补人员替补空缺，而是要为这些职位找到合适的人。我们把招聘团成员所花的努力作为对未来的投资，我们实在不愿仓促地雇用一个不适当的人，只为以后开除他。"

丰田公司的招聘程序可谓严谨，因此也是较成功的，但在现实招聘中，每个企业的情况各不相同，但归纳起来讲，大概有以下几个相对独立而又相互联系的阶段：

1. 准备阶段

你要招聘多少人？招聘什么样的人才？采用什么样的策略和方法去招聘？这些都要在招聘工作开始前确定下来。具体来说，准备阶段要做的工作包括：

第一，制定招聘计划。这是公司人事部门在招聘中的一项核心任务，通过制定计划来分析公司所需人才的数量和质量，以避免工作的盲目性。

第二，制定招聘策略。一个毫无特色、平铺直叙的招聘计划往往注定是要失败的。在招聘中，必须结合本企业的实际情况和招聘对象的特点，给招聘计划注入有活力的东西。这就是招聘策略，即为实现招聘计划而采取的具体策略。它包括：招聘地点的选择、招聘渠道的选择、招聘时间的确定、招聘宣传战略的选择、筛选方法的选择等。

第三，确定招聘团成员。"千里马易寻，伯乐难得。"要想发现优秀的、合乎企业要求的人才，首先必须要有一个善于发现人才的招聘团。招聘团成员水平、素质的高低和经验的多寡直接决定着企业招聘到的人才是合格还是华而不实的；招聘成员是否公正廉明、仪表堂堂还影响着招聘的收益成本，有时候，招聘成员的选择不当会直接导致招聘工作的失败。招聘成员水平素质的高低，其有无魅力和感染力，还关系到企业能否吸引优秀人才。另外，经理和老板有时候也应当加入到招聘团中去。

2．招募

在这一阶段所要完成的工作是吸引求职者，建立起"求职者蓄水池"，并通过初步筛选选取出符合公司招聘计划要求的求职者。

第一，发布信息。 企业一旦确定了自己对人才的需要，就应该及时地用合适的方式把这一信息散布出去，否则，没有人知道你这里空着岗位虚位以待，也就不会有人把他的求职书发给你。 发布信息时招聘单位可以采用多种多样的方式，一切根据对将要招聘的人才的要求和成本收益对比来做出判断。

（1）报刊：这种方式覆盖面大，但招聘成本较高。

（2）电视：和在报纸上发布招聘广告一样，你也可以选择在不同的频道、不同的时段、不同覆盖范围的电视节目上做广告。

（3）通过中介机构发布信息：采用这种方式，你可以以低廉的费用将信息传递给潜在的求职者。

（4）由"内部人"发布：这是一种效果不错的招聘方式。公司现有的职员把公司的招聘信息告诉给他信任和熟悉的亲朋好友。

（5）信誉：那些既在当地又在全国经营的公司有相当大的吸引力，其中有的公司在用人方面信誉很高，他们无须做广告便不断有人找上门来。

第二，建立求职者蓄水池。 人事部门的一项日常工作就是建立、维护公司的人事数据库，其中最重要的就是求职者数据库，我们把它称之为"求职者蓄水池"，用来存放每一个求职者的详细信息。 在公司短期内暂时出现职位缺口时，求职者数据库可以利用储存的求职者信息来招聘人才，以便迅速补充到生产经营中去。 每一个企业在开始运营时都应建立这样一种求职者数据库，用于网罗人才。 在企业将其职位需求信息发布出去后，求职者的求职书和履历表会像雪片一样飞来，人力资源管理部门应及时整理这些文件，把求职者的数据输入到数据库中去。

第三，初步筛选。 初步筛选就是要以招聘计划中的职位分析和职业要求为标准，顺序浏览"求职者蓄水池"中每一位求职者的文件，选择符合公司职位要求的求职者。 这个过程其实就是寻求求职者的文件资料与职务说明书相匹配的过程。 在初步筛选中只要求遵循"合格"原则，而并不要求"优秀"原则。 即：在初步筛选中，只要是符合公司要求的求职者都把他们"捡"出来，而不是去寻找最符合公司要求的、最优秀的求职者。 初步筛选可以节省此后招募和选拔过程中大量的时间和金钱。

3．筛选

对应聘者进行筛选是在初步筛选的基础上来决定谁是符合要求的求职者，也是招聘过程中的一个重要组成部分，其目的是比较各位应聘者的综合能力和素质，从中选取出最符合公司发展需要的人才。 基于这一阶段的重要性，筛选应由招聘团在运用各种技巧、方法，在对应聘者进行综合评判的基础上审慎地做出。 筛选要以职务说明书上要求的知识、技术、能力、素质来判断候选人的资格。

4．录用

录用就是最终决定雇用筛选出的应聘者并分配给他们职位

的过程。经过 2 至 3 次不同方式的选择考核，企业一般可以在应聘人中发现几个符合招聘要求的人选，这时便进入录用阶段。当然，如果空缺职位要求较高，企业也可能发现没有一个符合录用标准，这样，又得返回到招募阶段。录用阶段有四项工作要做：

首先，要进行可雇用性调查。对符合录用条件的候选人，用人单位在征得其同意的条件下，可以与其以前工作过的一个或几个单位联系，核实应聘者在简历里、面试过程中所提供的信息的真实性。

其次，确定起薪。起薪是一项原则性很强的"艺术"。公司一般都有自己的工资制度，每一级别的岗位应该给予多少工资是相对确定的，至少有一个严格的范围。但是，即使应聘同一个职位，每一位应聘者也是不一样的：他们的教育背景、工作经历、工作能力、现在的工资水平和工资要求都会不同。

再次，签订劳动合同。自 1995 年 1 月《劳动法》实施以后，公司实行劳动合同制的用工形式已成为法定的用工形式，用人单位必须与其员工签订劳动合同来确立劳动关系。

最后，岗前培训。是指为使新入职的员工熟悉本企业的各项规章制度和行为规范，尽快地融入企业组织并开始工作而对其进行的有关本企业的规章制度、企业文化和工作技能要求的培训。

5. 事后评估

对招聘工作进行事后评估是招聘的最后一道程序，通过对招聘工作的总结评价，有助于招聘人员寻找工作中的不足，总结招聘中的经验和教训，从而积累经验，为下一次招聘工作打下基础。主要包括以下几点：

（1）数量评价，是否招足招聘计划内中列出的需求人数，空缺的职位是否得到了填补，雇用率是否准确地符合招聘计划的设计。

（2）质量评价，本次招聘是否招到高质量的人才，这可以用被录用者的平均学历、水平、职称等来测定。

（3）效率评价，比较常用的指标是计算每雇用一个人的平均费用，或计算招聘成本收益率。

（4）综合评价，采用不同的招聘方法、不同的招聘来源和不同的职位都会影响招聘的结果。对不同的招聘项目的评估可以分收益和成本两方面来考察。在收益方面包括：填补空缺职位花费的时间、"求职者蓄水池"的规模和质量、提供出去的职位被接受的比例以及合格的申请者占总申请者的比例。

对招聘的有效性，还可以从职员的流失率的高低、职员的工作表现、职员的缺勤率以及工作态度等来衡量。例如，一家大型公司的招聘目标定为每年聘用 350 名不熟练和半熟练的职员，或 100 位技术人员，或者 100 位操作人员，或 100 位管理人员。那么，招聘的效益既可以从录用的人是否优秀，也可以从在公司里待的时间长短以及他们的上司对他们在工作中的评语来衡量。

事后评估的方法分为两个方面：一方面，纵向比较和横向比较。前者指与本企业以前所做的招聘工作的效率进行比较，它反映一个企业招聘工作是做得好了，还是更坏了。但因为企业很少保存以前的招聘工作的相关资料，所以纵向比较难以做到。横向比较指与同行业中其他规模相当的企业进行比较，它有助于找出企业在招聘工作中的差距。可以从一些行业协会、企业家协会等组织获得其他企业的招聘成本等资料。 另一方面，通过评价找出原因，如果你是因为发布职业需求信息的方式不对而使求职问津者寥寥无几，你就应该考虑采用覆盖面较广的媒介来发布广告；如果是因为采用"集体演奏吹竽"的方式来选拔"乐手"，而不幸使"南郭先生"混入了你的团队，那么，你可以考虑在下次招聘中改用"独奏"的方法来筛选、考核。

招聘程序运行的顺利与否，事关一次招聘工作的成败。 企业一定要根据本企业的财务状况和经营发展战略来决定企业的招聘程序，只有通过科学严谨的招聘程序，才能为企业找到合适的人才。

确定招聘三要素

招聘三要素包括确定合理的招聘人员、明确招聘的地理范围以及优化安排招聘时间。 通俗地说就是"时间""地点"和"人"的管理。 确定招聘三要素对企业是否能够成功招聘到所需要的人才有非常重要的关系。

1. 确定合理的招聘人员

由于在现代企业中，招聘工作通常是由招聘小组来完成，所以招聘小组成员安排是否合理，职能划分是否清晰，有无魅力和感染力，直接关系到企业能否吸引到优秀人才。 在确定小组成员时要考虑以下人选：

第一，用人部门经理和高级技术人员。由他们提出所需求的人员数量和类型，提供所需员工岗位的职位说明，并交由他们最后做出录用决策，必要时高层管理负责人也要参与其中。

第二，人力资源总监。人力资源总监负责指挥人力资源部制定人事安排计划，开展招聘活动，如发布招聘信息、选择招聘途径等。收到应聘者材料后，进行初步筛选，然后推荐候选人给用人部门经理。

第三，其他辅助人员。这些人员是指具备丰富的专业知识、心理学知识和社会经验的专业人员以及用人部门工作积极的优秀人员。

在确定招聘小组成员时，一定要正确划分人力资源部和用人部门经理的职责，只有把这两者的工作合理分配，才能使招聘有效进行。

一般来说，在人力资源总监领导下的人力资源部主要职责是：指导用人部门撰写工作描述和工作规范，制定职务说明书；制定人员招聘计划，决定招聘地点、招聘时间、招聘方法等相关内容；组织招聘人员，开展招聘活动，收集简历和应聘材料，并与潜在的候选人联系；设计人员选拔评价方法，并指导用人部门使用这些内容；主持实施评价程序，将通过初步筛选的合格候选人推荐给相关用人部门经理等。

用人部门经理则是员工招聘工作的直接承担者，他们的主要职责是：对空缺职位的工作职责做出详细说明；提出本部门对所需人员的具体要求和实际需求数量；对职位候选人的专业或技术水平进行进一步的判断，提出录用意见等。

通常情况下，招聘小组一般由人力资源总监牵头，人力资源部的相关人员负责招聘的一般工作，而用人部门经理在提出具体招聘需求和确定最后人选时参与招聘活动。专家等辅助人员数量一般较少，企业可视具体情况确定所需数量。

只有人员搭配合理的招聘小组才能使招聘工作紧密协调，顺利进行。因此，人力资源总监在组建招聘小组时一定要合理安排人员，明确小组成员各自的职责，这样才有可能使招聘小组成员协调工作，顺利开展招聘活动。

2．明确招聘的地理范围

既能节省成本，又能招聘到合适人才是企业在员工招聘时的目标，所以应该在地理分布上将其招聘活动限制在最能够产生效果的劳动力市场上。通常情况下，按地理范围可将企业的招聘形式分为三种：一是全世界、全国范围内的大型招聘，这种形式因为覆盖的地域太大、成本太高，除非企业需要招聘非常重要（如总经理）的人才时才会选择。二是跨地区范围的招聘，可以在全省范围乃至附近几省的范围内招聘人才（例如，上海的企业可在华东六省的范围内进行招聘），这种形式也适用于对企业来说比较重要的人才。三是本地区范围内招聘，这也是现在企业最常用的一种形式。

以上三种招聘范围各有各的优势与缺点，最重要的是要适应企业的实际需要，企业可以根据下列选择标准来确定招聘的地理范围。

第一，岗位特点。空缺岗位的性质和特点是确定招聘地理范围的重要因素。企业的高级管理人才或专家型人才可以在全世界、全国范围内招聘，因为其招聘数量十分有限，而且对企业至关重要，在大范围内招聘是很有必要的。中级管理人员和专业技术人员适合于在跨地区的范围内进行招聘，现在我国已有许多跨地区的专业人才交流机构，在这个地理范围内招聘此类人才较为合适。普通工作人员在本地区范围内招聘即可，此类人员供给量较大，而且对其条件要求也并不高，在本地区内招聘完全可以满足企业要求。

第二，招聘成本。成本也是在确定招聘范围时需要重点考虑的问题，招聘范围越大则花费的成本越高，应根据空缺职位对企业的贡献来选择招聘范围。高层管理人员对企业贡献很大，则企业花费较高的招聘成本也是应该的，而一般人员则不需要花费太高的成本去招聘。

第三，企业规模。在确定招聘范围时还要考虑企业规模的大小，如果企业规模很大，在全国、全省都有分支机构，则在较大范围招聘人员的可能性就很大。

第四，企业影响力。企业的影响力越大，越可能招聘到较大范围内的人才。而且企业的影响力大，很多的应聘者都会关注该企业，企业不花费太大成本也能在较大范围内招聘到优秀人才。

在确定招聘范围时还要注意一些特殊地域的招聘优势，比如我国人才比较聚集的地方有北京、上海、武汉、西安以及广州等大城市，在这些城市中，有成千上万的大学生毕业，同时这些城市都具有区域优势，是区域文化中心，由大量的"跳槽者"、职业经理人、下岗职工组成了一个庞大的人才市场。人力资源总监在这里招聘人才，将能充分利用这一市场优势，吸引大量的人才，降低平均招聘成本。

在如何确定招聘范围上，江苏红豆集团可以说是一个成功的范例。他们除了生产流水线上的普通员工是在本省市内招聘以外，集团的大部分部门经理都来自全国各地。红豆集团组织了专门的"人才开发小组"，奔赴全国各地与人才交流中心挂钩，从第一个大学生毛遂自荐到红豆集团报到，到今天管理干部队伍中半数之多的人才来自全国 19 个省、市、自治区。 与此同时，红豆集团还把眼光投向海外。 他们先后聘请了中国台湾衬衫专家萧文烽先生和日本西服技师加藤先生来做技术指导负责人，并以百万年薪向海外招聘 45 岁的加拿大籍华人陈忠出任总经理。 正是因为突破了用人地域性的局限，红豆集团才能在 20 年的创业过程中，以每年翻番的速度稳步发展。

但是，这并不是说招聘的范围越大越好，不同企业的具体情况不同，每一次的招聘需要也有差异，还是应该根据本企业的实际需要和成本负担状况来确定每一次招聘的范围。

3. 优化安排招聘时间

通常情况下，最好在人才供应高峰期进行人才引进。 从实践来看，人才的供应数量本身是具有一定规律的，通常每年的 11、12 月份是社会人才供应的高峰期，每年 3、4 月份和 6、7 月份是学校人才供应的高峰期（因为学生毕业）。 按照成本最小化的原则，应避开人才供应的低谷，而应在人才供应的高峰时进行招聘，这样做可使招聘的效率最高。

同时，从招聘到新员工上岗，这个过程是需要时间的，而且因职业不同其所需时间的长短也不同。 一般来说，在安排招聘时间时要根据本企业的招聘流程，按照以下步骤来确定招聘时间。

第一，收集应聘资料的时间。 应聘者投递应聘资料的途径不同，E-mail 速度最快，信件最慢，人力资源总监可根据实际接收方式进行时间估算。

第二，筛选应聘资料的时间。 企业在收到足够多的应聘材料以后会进行初次筛选，将明显不符合要求的资料剔除，然后通知初选合格的应聘者进行下阶段的测试。人力资源总监可根据应聘材料数量估算所需时间。

第三，测试应聘者的时间。企业可能会采用笔试、面试或其他测试方式对应聘者进行考核。在这一环节，人力资源总监可根据考核的方式和性质确定所需时间。

第四，录用决策的时间。测试完毕后，企业要对应聘者的考核结果进行综合评价，协调人力资源部和用人部门经理的评估结果，做出最后的聘用决定。这一环节的时间可根据人力资源部和直线部门经理的工作安排来确定。

第五，上岗准备的时间。聘用人员报到、上岗及企业的各项安排准备都需要时间，人力资源总监在计划招聘时间时都要考虑。

一般来说，要能准时保证新聘任职员上岗，就应该对招聘时间进行严格规划。例如某企业需要招聘 10 名业务员，该企业的人力资源总监根据以前的经验判断，招聘的各个时间段的安排为：征集个人简历需要 10 天；邮寄面谈邀请信需要 4 天；进行面谈需要 5 天；面谈后企业做出雇用与否的决策需要 3 天；得到雇用通知的人需要在 10 天内做出是否接受雇用的决定；接受职位的人需要进行安排和准备工作，24 天后才能到达企业报到、工作。这样计算下来，企业应在空缺出现之前的两个月左右刊登出公司的招聘广告。

第三章
面试测评:沙里淘金择人才

企业界有句名言:"面试就是将适合的人请上车,将不适合的人请下车。"短短几十分钟的面试就像是一场战斗,企业和招聘人员就像攻守的双方,如何在短暂的时间内守住"阵地",从守为攻,打好一场斗智斗勇的战斗,这是企业招聘成功与否的关键。因此,企业有必要采取一些有效的面试方式和技巧,以达到预期招聘的目的,找到最适合自身的人才。

选择面试的方式与类型

在面试前，有的企业会组织关于专业知识或个人素质的笔试，笔试者被确认合格后，再进行下一轮的面试，这个方法在许多企业中都有应用。

1．面试的方式

简单来说，面试是面试者对被面试者进行判断的过程，也是被面试者对公司进行判断的过程。 由于公司规模、待遇以及应聘的职位、人数等情况不尽相同，面试方式也要随其变化方可获得满意效果。 可以根据不同情况来选择以下几种方式：

（1）个人面试

这种方式又分两种情况：一种是一对一面试，即面试时只有一位面试官，多用于小规模招聘以及较低职位员工的招聘。另一种是多对一面试，即面试时有多位面试官，以便从不同角度对一个应聘者进行观察，从而做出全面正确的评价。 这种方式一般在招聘较重要的职位时才会采用。

（2）小组面试

当应聘者较多时，可将其分为若干小组，就一些问题展开讨论，面试官可在一旁就应聘者的管理能力、逻辑思维能力、口才、处理人际关系能力和环境控制能力等进行观察评价，加以甄选。 丰田公司在这方面就有着丰富的经验。

丰田公司为了招聘最优秀的有责任感的员工做出了极大的努力。丰田公司全面招聘体系大体上可以分成六大阶段，在第五个阶段面试人员就需要参加一个 1 小时的小组面试，内容是分别向丰田的招聘专家谈论自己取得过的成就。

通过小组面试方式，可以使丰田的招聘专家更加全面地了解应聘人员的兴趣和爱好，知道应聘者以什么为荣，什么样的事业才能使应聘员工兴奋，从而更好地做出工作岗位安排和职业生涯计划。同时通过小组面试还可以进一步了解员工的小组互动能力。

（3）测验面试

这种方式一般在应聘职位对应聘者有某些特殊技能要求时采用。测试一般在面试过程中穿插进行，并且不一定采用规范化的测试技术。宝洁公司在测验面试方面有着独特的心得。

宝洁公司每年要从全国一流大学中招聘许多优秀的大学毕业生，公司的校园招聘笔试主要包括解难能力测试、英文测试、专业技能测试三个部分。解难能力测试是宝洁对人才素质考察的最基本的一关。在中国，使用的是宝洁全球通用试题的中文版本。试题分为五个部分，共 50 小题，限时 65 分钟，全为选择题，每题 5 个选项，包括读图题、阅读理解、计算题和读表题。整套题主要考核应聘者的自信心（对每个做过的题目有绝对的信心，几乎没有时间检查改正）、效率（题多时间少）、思维灵活（题目种类繁多，需立即转换思维）、承压能力（解题强度较大，65 分钟内不可有丝毫松懈）、迅速进入状态（考前无读题时间）、成功率（凡事可能只有一次机会）。考试结果采用电脑计分，如果没通过就被淘汰了。

英文测试主要用于考核母语不是英语的人的英文能力。考试时间为 2 个小时。 45 分钟的 100 道听力题，75 分钟的阅读题，以及用 1 个小时回答 3 道题，都是要用英文描述以往某个经历或者个人思想的变化。 专业技能测试则并不是申请任何部门的申请者都需经过该项测试，它主要是考核申请公司一些有专业限制的部门的应聘者。 这些部门如研究开发部、信息技术部和财务部等。

（4）渐进式面试

这是一种多轮面试方式。 每一轮面试都将不合格人员加以淘汰，进入面试的轮次越多，说明面试等级也越高。

（5）结构式面试

这是一种依照预先确定的内容、程序、分值结构进行的面试方式，面试官对同类应聘者，用同样的语气与措辞，按同样的顺序，问同样的问题，按同样的标准评分。 结构化面试的问题结构就是招聘岗位所需要的人员素质结构。 面试官有时还会预先分析这些问题的可能答案，并针对不同的答案划分评价标准。

（6）复合式面试

这种方式是将前面几种方式进行组合，其面试的内容比较多，一般适用于高级职位的选聘。 例如思科公司在招聘部门经理以上级人员时，就会组成一个多达 8 人的面试小组。 先采取一对一的面试方式，每人所考察的重点都不相同，然后再进行小组面试。 思科在面试时采用全体通过制，在 8 个负责面试的人当中，如果有一人否决，那么应聘者就没有机会被录用。

2. 面试的类型

在选择了面试的方式之后，管理者还应确定面试的类型。

在企业实践中，面试可分为非正式面谈、正式面谈、随机问答和论文答辩四种类型。

（1）非正式面谈

面试官可以在不同的场合向应聘者提问，要求应聘者用口头语言回答，以便了解应聘者的心理素质和潜在能力。在企业招聘时，非正式面谈可以收到简单易行、节约时间、不拘场合、应用简单灵活的效果。此外，由于应聘者防御心理比较弱，所以，面试官可以了解到比较真实的内容且反馈迅速。

壳牌石油在面试时采用过"开鸡尾酒会"的形式，公司组织应聘者参加一个鸡尾酒会，公司高级员工都来参加，酒会上由这些应聘者与公司员工自由交谈，酒会后，由公司高级员工根据自己的观察和判断，推荐合适的应聘者参加下一轮面试。一般那些现场表现抢眼、气度不凡、有组织能力者会得到下一轮面试机会。

（2）正式面试

面试官可以规定时间和地点，并围绕某一个中心向应聘者提出一系列问题，要求其当场以口头语言回答，来了解应聘者心理素质及潜在能力。通过正式面谈，面试官可以了解应聘者在压力情况下的心理素质，评分相对比较客观，在某些需要了解的地方，还可以深入询问。

（3）随机问答

这种面试类型比较复杂，一般由面试官事先编制若干道题目，分别写在每一张纸上，一张纸上可以有一道题目，也可以有几道题目，然后把纸条密封起来，让应聘者随机抽取其中的一张纸条，并根据纸条上的题目来回答。其间面试官可以根据需要提一些有关问题，以此来了解应聘者的心理素质和潜在能力。 随机问答要求应聘者心理素质比较全面，可以了解一个群体的许多信息，但每个个体的成绩有一定的偶然性，应聘者受到的心理压力也比较大。

（4）论文答辩

企业通常在招聘高级管理人员时会选用这种类型。 论文答辩要求应聘者先完成一篇指定的论文，论文提交后，指定专门时间和地点，请应聘者报告论文的主要内容，然后由面试官提出各种有关论文的问题，要求应聘者当场回答。 论文答辩可以全面了解应聘者的心理素质和实际工作能力，以及工作经验。

例如宝洁公司的研发部门招聘的程序之一是要求应聘者就某些专题进行学术报告，并请公司资深科研人员加以评审，用以考察其专业功底。 对于申请公司其他部门的应聘者，则无须进行该项测试，如市场部、人力资源部等。

由于不同的面试方式和类型各有其优缺点和适用对象，在选择面试方式和类型时，每个企业管理者都应视企业规模、组织结构、招聘职位、应聘者数量和素质等情况而定。

精心设计面试题目

面试题目的科学设计可以把握面试的核心内容，做到有的放矢，结构化的题目还帮助企业在未来的员工面前树立一个好的形象。 面试的题目来源主要是招聘岗位的工作说明书以及应聘者的个人资料，设计面试题目时可以考虑以下几种类型：

1. 设计背景型题目

可以设计一些通过询问应聘者的学历、工作、家庭及成长背景等问题来了解他们的求职动机、成熟度和专业技术背景等要素的面试题型。西门子在设计题目时，就比较喜欢采用背景型题目。

作为德国最大的私营企业，也是全世界第五大跨国公司，西门子公司无疑是世界电气界的一颗璀璨明星。西门子在面试时一般会要求面试者做一个简单的自我介绍，说明自己学习、工作经历、以前负责过哪些项目、怎么做的、成绩如何等惯例问题。还有就是了解他们每次变换工作的原因、现在为什么想来西门子工作、未来的打算和目标、期望的薪资是多少等。这些都是常规问题，基本上会问及每一位应聘者。这类问题也是侧重考察应聘者回答内容的真实性、逻辑上的连续性和合理性。

2. 设计智能型题目

可以设计一些通过让应聘者对一些复杂问题或社会现象等的分析，来考察他们的综合分析能力、逻辑思维能力、反应能力和解决问题能力的面试题型。

微软公司的面试试题有一类专门是谜语题，部分试题内容如下：

（1）为什么下水道的盖子是圆的？

（2）美国有多少辆汽车？

（3）你有两个罐子，50 个红色弹球，50 个蓝色弹球，再随机选出一个罐子，随机选出一个弹球放入罐子中，那么，怎么给红色弹球最大的选中机会？在你的计划中得到红球的准确概率是多少？

（4）想象你在镜子前，请问为什么镜子中的影像可以颠倒左右却不能颠倒上下？

（5）你有一桶果冻，其中有黄色、绿色、红色三种，闭上眼睛抓取同种颜色的两个，抓取多少个就可以确定你肯定有两个同一颜色的果冻？

（6）将汽车钥匙插入车门，向哪个方向旋转就可以打开车锁？

再来看看理查德·范曼在微软应聘时是如何回答第一个问题的。

面试官："现在我们要问一个问题，看看你的创造性思维能力。不要想得太多，运用日常生活中的常识，描述一下你的想法。这个问题是：下水道的井盖为什么是圆的？"

范曼："它们并不都是圆的，有些是方的，的确有些圆井盖，但我也看过方的，长方形的。"

面试官："不过我们只考虑圆形的井盖，它们为什么是圆的？"

范曼："如果我们只考虑圆的，那么它们自然是圆的。"

面试官："我的意思是，为什么会存在圆的井盖？把井盖设计成圆形有什么特殊的意义吗？"

范曼："是有特殊意义，当需要覆盖的洞是圆形时，通常盖子也是圆的。用一个圆形的盖子盖一个圆形的洞，这是最简单的办法。"

面试官："你能想到一个圆形的井盖比方形的井盖有哪些优点吗？"

范曼："在回答这个问题之前，我们先看看盖子下面是什么。 盖子下面的洞是圆的，因为圆柱形最能承受周围土地的压力。 而且，下水道出孔要留出足够一个人通过的空间，而一个顺着梯子爬下去的人的横截面基本是圆的，所以圆形自然而然地成为下水道出入孔的形状。 圆形的井盖只是为了掩盖圆形的洞口。"

面试官："你认为存在安全方面的考虑吗？ 我的意思是方形的井盖会不会掉进去，因此造成人身伤害？"

范曼："不大可能。 有时在一些方形洞口上也会看到方形的盖子。 这种盖比入口大，周围有横挡，通常这种盖是金属质地，非常重。 我们可以想象一下，两英尺（1 英尺≈0.3 米）宽的方形口，1～1.5 英寸（1 英寸≈2.54 厘米）宽的横挡。 为了让井盖掉进去，需要抬起一端然后旋转30 度，这样它就不受横挡的妨碍了，然后再将井盖与地平线成45 度角，这时转移的重心才足以让井盖掉下去。 是的，方形的井盖的确存在掉下去的可能，但可能性很小，只要负责开井盖的人稍加培训，他就不会犯这样的错误。 从工程学来看，井盖的形状完全取决于它要覆盖的洞口的形状。"

面试官："（面有难色）我要与管理层谈点事情（离开了房间）。"

10 分钟后，面试官回来了。

面试官："我们推荐你立刻去推销部工作。"

3. 设计行为型题目

可以设计一些要求应聘者描述其过去的某个工作或生活经历的具体情况的题目，来了解他们各方面的素质特征。 行为型题目与背景型题目一样，题目的表现形式受应聘者个人情况而局限，替代性相对较小。 行为型面试题目要求面试官有很丰富的经验，能识别应聘者回答的真伪，有办法和技巧去追问、发掘应聘者进一步的行为表现是否一致并判断其真实性和合理性。

宝洁公司在面试时的几个核心问题多属于情景型。

（1）请你举一个具体的例子，说明你是如何设定一个目标然后达到它。

（2）请举例说明你在一项团队活动中如何采取主动性，并且起到领导者的作用，最终获得你所希望的结果。

（3）请你描述一种情形，在这种情形中你必须去寻找相关的信息，发现关键的问题并且自己决定依照一些步骤来获得期望的结果。

（4）请你举一个例子，说明你是怎样通过事实来履行你对他人的承诺的。

（5）请你举一个例子，说明在完成一项重要任务时，你是怎样和他人进行有效合作的。

（6）请你举一个例子，说明你的一个有创意的建议曾经对一项计划的成功起到了重要的作用。

（7）请你举一个具体的例子，说明你是怎样对你所处的环境进行一个评估，并且能将注意力集中于最重要的事情上，以便获得你所期望的结果。

（8）请你举一个具体的例子，说明你是怎样学习一门技术并且怎样将它用于实际工作中。

根据以上几个问题，面试时每一位面试官当场在各自的面试评估表上打分，打分分为三等：

1～2分（能力不足，不符合职位要求；缺乏技巧、能力及知识）；3~5分（普通至超乎一般水准，符合职位要求；技巧、能力及知识水平良好）；6~8分（杰出应聘者，超乎职位要求；技巧、能力及知识水平出众）。

具体项目评分包括说服力／毅力评分、组织／计划能力评分、群体合作能力评分等项目评分。在面试评估表的最后一页有一项"是否推荐栏"，有3个结论供面试官选择：拒绝、待选、接纳。

4. 设计情景型题目

可以设计一些假设的情景，然后向应聘者展示，来让其解决情景中出现的问题，从而考察他们的综合分析能力、解决问题能力、应变能力、情绪稳定性、人际交往意识与技巧等素质。

这类情景型题目也较容易设计，且可以满足多种测评要素的考察需要。其缺点在于它本身的情景假设性对应聘者的回答是否真实有效难以做出评判。应聘者在假设情景中的反应可能都是他理想中的反应，真正遇到实际情况是否采取假设中的做法则很难判断。

5. 设计意愿型题目

可以设计一些直接征询面试对象对某一问题的意愿的题目，来考察应聘者的求职动机、敬业精神、价值观、情绪稳定性等要素。

例如："目前，大多数 IT 企业都不景气，相对来说处于低谷期，请谈谈你为何选择 IT 企业？"面试官在使用这类题目时注意不要误导应聘者，同时避免出现尴尬冷场的局面。

另外，面试的题目不宜过多，五六道即可，这些问题最好是开放性的问题，能够让面试者从被面试者的回答中引发出更多的问题。仔细倾听被面试者对这些问题的回答，可以找到很多值得进一步追问的问题。例如，一个面试者对一个被面试者目前的工作内容感兴趣，于是他提出了这样一个问题："请你描述一下通常情况下，你每天都做哪些工作？"这个被面试者目前是一名客户服务专员，她是这样回答的："我每天的工作就是同各种各样不同的客户打交道，他们在电话中问各种问题，因此我们的工作就是接听客户服务热线电话，研究客户提出的问题，处理他们的投诉。"如果面试者就此罢休转向问下一个问题，那么他将失去很多有价值的信息，通常面试者的回答中至少好几个方面的信息值得进一步探索，所以准备问题至关重要。

不同的面试题目也各有特点，为了招聘工作的顺利进行，一定根据企业招聘职位的要求来设计。

全面把握面试技巧

企业在面试中一般都采用提问和倾听的方法来考察应聘者，所以面试官掌握提问和倾听的技巧是很重要的。适当掌握和具体运用一些有效的技巧，有助于活跃招聘的气氛，并且可能达到意想不到的效果。

1. 提问技巧

在面谈中恰当地提问，可以协助面试官深入了解应聘者的真实情况，这就对面试官的提问方式和技巧提出了较高的要求。一般来说，面试官在提问时可以灵活运用以下几种提问方式。

第一，封闭式提问。这种提问方式只需要应聘者做出简单的回答，一般以"是"或者"不是"作为结果，至多再加一句简单的说明。例如，"你是 2000 年大学毕业的吗？"

这种提问方式是为了明确某些不甚确实的信息，或充当过渡性提问。因此，这种方式不宜使用得太多，不然就会阻碍应聘者详细地阐述自己的观点和意见。

第二，开放式提问。这种提问方式鼓励应聘者自由地表达自己的意见和想法，面试官可以从中对应聘者的逻辑思维能力、语言表达能力等进行考察，一般在面试开始阶段或讨论某一方面问题的起始阶段运用。例如，"你为什么要选择应聘我们公司？"

这种提问方式又分为无限开放式及有限开放式。前者的问话没有特定的答复范围，后者则对回答的范围和方向有所限制。值得注意的是，由于开放式提问比较宽泛，应聘者在回答时就容易跑题，面试官要注意及时将其引导到主题上来。

第三，假设式提问。这种提问方式给应聘者虚拟了一个角色或事件，让其根据自己的经验和理解来回答问题，例如，"假如你是销售部的主管，你会如何处理销售淡季的回款问题？"

这种提问方式提供给应聘者一个表现自己的舞台，在其回答的过程中，面试官可以对应聘者的思维推理能力、价值倾向、工作态度、创造性、决断力等方面做出判断。 但是，应聘者在回答这类提问时，常会做出面试官所期望的好的回答。 因此，该类提问在面试中也不宜多用，如果使用的话，也尽量使问题具有一定的挑战性。

第四，举例式提问。 这是面试中的一项核心提问方式。面试官可以直接要求应聘者用举例的方式回答问题或当其回答完有关问题时，再让其举例说明。 例如，当面试官问："你认为你的人际交往能力如何？"当应聘者回答高或低时，面试官可以让他举出具体的事例来说明。 面试官也可以直接询问："请你举例说明你对员工管理的成功之处。"

这种提问方式可以引导应聘者回答解决某一问题或完成某项任务所采取的方法和措施，以此鉴别其所谈问题的真假，从而了解应聘者实际解决问题的能力。 当提问进入到涉及与所招聘职位的要求密切相关的问题时，面试官可以多采用这种方式。

第五，连串式提问。 面试官在应聘者回答问题不完全、不正确或只围绕着谈话主题兜圈子，提供的资料没有价值时，可以采用这种向应聘者提出一连串问题的提问方式。 例如，"你为什么要离开原来的公司？ 来到我们公司，你有何计划？ 如果你发现我们公司与你的预期有差距，你会怎么办？"

由于这种提问方式会给应聘者带来较大的精神压力，使其处于高度紧张的状态之中。 因此也不宜多用，如果面试官发现应聘者对某些问题答非所问或避而不答时，不要先急于采用这种方式，应先分析一下原因，是由于误解了问题，不了解问题，没听懂问题，还是不想回答。 然后再用连串式提问，要求对方作更进一步的说明。

第六，引导式提问。面试官可以采用引导的方式来让应聘者回答某个问题或同意某种观点。当涉及薪资、福利、工作安排等问题时，通过这种提问方式可以征询应聘者的意向、需要和一些较为肯定的回答，例如，"你对这一点怎么看？"或"你同意我的观点吗？"

不过，在运用这种提问方式时一定要把握好分寸；否则，会给应聘者以紧张感，使其被迫回答一些他认为面试官想听而并非自己真正想说的话，从而不能获得真实的资料。

虽然在面试时要考察应聘者的素质和能力有很多，不过面试官如果能将上述的几种提问方式综合起来，就能通过提出几个典型的问题来达到目的。例如，在考察应聘者的表达能力、概括能力和逻辑性时，就可以通过开放式提问让其做一个自我介绍或者讲述一下自己的主要工作业绩。通过表达的清晰性、流畅性，可以看出应聘者是否善于表达概括，表达是否有逻辑性。除此之外，面试官还可以将开放式提问与举例式提问相结合，比如提问"你在以往工作中遇到过什么困难？请举例说明你是如何解决这些困难的"等。

在考察应聘者的组织协调能力时，可以询问一些他以前组织过的活动。比如"你在单位（学校）经常组织活动吗？请具体描述你是怎样组织一次活动的，你在其中的职责是什么？""在你主管的部门中，你是如何给每个人分派工作的，怎样协调他们之间的关系？"等。这些问题所采用就是连串式和举例式相结合的提问方式。

在考察应聘者的责任心时，可以将封闭式、假设式、开放式等提问方式组合在一起，提出以下几个问题："你是否愿意同上级提出合理化建议""假如分配给你的一项任务眼看期限已到，难以完成，你怎么办"等。 另外可以让应聘者进行自我评价，以测评他的自我认识能力。 比如"请对你的优点和缺点做一个评价""请对你自己的个性特征做一个评价"等。

以下是某企业在招聘中运用的一系列提问技巧，可以达到不同的测评面试者素质的目的。

（1）展示公司的实力和形象

技巧一：在招聘营销人员的过程中，列举出20多种（甚至更多）营销方案，让应聘者分析说明它们的优劣。 这一提问，既达到考核应聘者的分析能力的目的，同时又向应聘者展示了主考官的实力。 从而会让招聘者感觉到，这家公司人才水平很高，公司一定很有前途。

技巧二：当面试进行到一定的时候，向应聘者提问：本公司在某年做了某事（比较辉煌的业绩成果等），你如何评论此事。 既能测试应聘者，又能展示公司业绩。

（2）让应聘者说真话

技巧一：提问应聘者前天下午都做了些什么。 此问题，一般的应聘指南书刊上都没有涉及，应聘者对此也没有充分准备。 这样会较真实地反映应聘者的表达能力、文字组织能力、思路是否清晰等。

技巧二：与应聘者聊与招聘无关的事情。 在对本身利益无冲突的聊天中，应聘者更容易说出真实的东西，主考官可以从中判断应聘者的素质和能力。

（3）审查应聘者学历

在审查应聘者的学历时，说你们学校某某老师（并不存在）的课很风趣，到现在仍记忆犹新。 若应聘者附和，马脚顿露。

（4）判断应聘者的抗挫心理能力

提问应聘者 3 件他认为失败的事情，如果应聘者所说的都是一些鸡毛蒜皮的小事，如失恋、考试不及格等，则说明应聘者没有经历过多少挫折，在遇到真正的困难或挫折的时候可能会有一定的问题。

（5）测试应聘者的创新能力

技巧一：随意指出应聘现场的一件事物（如茶杯），请应聘者在一定时间内（如两分钟）尽可能多地说出它的其他用处，并在应聘者陈述完毕后，再说出几种用途。

技巧二：让应聘者当场设计出某个方案。从方案中可看出应聘者的思维方式，从而判断其创新能力。

2. 倾听技巧

上述的提问方式与技巧只是一种手段，最终目的还是要准确地得到应聘者的真实信息，这就要求面试官必须掌握倾听的技巧。现实中，倾听往往被面试官认为是一种无需强调的理所当然的技能，这是因为它容易与一般的倾听相混淆。然而，面试中的倾听不仅仅带有一般听的含义，还包括积极主动倾听的技巧，主要包括使人觉得你对对方的话感兴趣、以征求意见的态度倾听、有目的的倾听、检验理解程度、对获得的信息进行分析评估、保持平和自然的心态等。

如想成为一个成功的面试倾听者，面试官必须掌握以下技巧：

（1）在面试时要寻找谈话的主要内容，并把思维集中在希望得到的信息上，同时，也要集中和使用信息。

（2）把事实与看法分开。因为倾听者的思考速度要快于谈话者讲话的速度，面试官有充分的时间分析谈话的内容。正确区分谈话内容中的事实成分和谈话者的意见成分是评价谈话内容的关键。

（3）要听得出"话外之音"，面试官需要习惯性地对自己提出如下问题："他真正想表达的是什么？"

（4）注意谈话者的肢体语言要有效地判断谈话者的面部表情、姿势和手势所传递的信息。既要注意听谈话内容，又注意谈话者的肢体和表情变化。

因此，一次成功的面试不仅需要设计出合理、科学的测评问题，还需要面试官具备高超的倾听能力，不放过谈话中的任何对企业招聘有用的信息，这正是面试成功的关键。

严密控制面试过程

面试过程是面试工作程序中最主要的环节，它依靠面试考官的面试技巧有效地控制面试的实际操作。面试过程的操作质量直接影响着人员招聘与录用工作的质量。通常情况下，面谈的过程一般是在连续的提问和回答的对话中完成的，为保证面试过程按计划顺利进行和获取足够的、准确的应聘者信息，一般应分为五个阶段进行。

1．预备阶段

在面谈开始时多以社交话题为主，主要是帮助应聘者消除紧张戒备心理，建立和谐、宽松、友善的面试气氛，当应聘者情绪平稳后，就可继续进行。这一阶段的问题要轻松缓和，不要一开始就使应聘者非常紧张。通常讨论一些与工作无关的问题，例如天气、交通等。这部分大致占整个面试的2%的比重。在这个阶段中，通常没有必要采用基于关键胜任能力的行为性面试题目，而主要采用一些需要简短回答的封闭性问题。

下面是在关系建立阶段常用的一些封闭性问题的举例：

"我们这个地方容易找吗？"

"路上堵车吗？"

"今天天气真冷，是吧？"

"是从公司直接过来的吧？"

2. 引入阶段

这个阶段围绕应聘者的履历情况提出问题，逐步引出面试正题。在这个阶段，目的是要给应聘者一个真正发言的机会，同时面试官开始对应聘者进入实质性评价。

在此阶段，一方面要了解应聘者的情况，判断其是否符合公司需要，作为录用与否的依据；另一方面要让应聘者对公司及应聘职位有进一步的了解，作为其是否应聘的参考。无论哪种面试，都有引入过程，在引入阶段中的提问应自然、亲切、渐进、聊天式地进行。引入阶段占整个面试的比重大致为8%。在这一阶段，最适用的面试题目是开放性的面试题目。

下面是在引入阶段常用的一些开放性问题的实例：

"你能介绍一下你现在的主要工作职责吗？"

"请你介绍一下你在市场营销方面的主要工作经验？"

"从简历中可以看出，你现在是一名法律顾问，这一定是一个非常有挑战的工作，能具体介绍一下你作为法律顾问主要做哪些工作吗？"

"让我们从你最近的一份工作开始讨论一下你的工作经历吧，在这家公司，你主要负责哪些工作？"

3. 正题阶段

这是面试的实质性阶段，是面试过程中最重要的一环。正题阶段占整个面试的比重为80％，并且整个面试的65％要用在基于关键胜任能力的问题上。面试官通过广泛的话题从不同侧面了解应聘者的心理特点、工作动机、能力、素质等。在这个阶段，需要注意的是面试提问技巧。面试官应提一些能得到尽可能多信息的问题，以如何、为什么、比较说明等方式提问，能够获得更多详尽的信息。

在询问应聘者的教育背景时，如果他已经离开学校很久，就没有必要花太多时间来详细询问教育情况，一般只要问清取得什么学位，主修什么课程便可以了；但对于刚刚从学校毕业的应聘者，面试官不妨多问一些教育背景的情形，了解应聘者掌握专业知识的深度和广度，判断其专业知识和特长是否符合所要聘用职位的条件。应聘者的工作经验是面试过程中所要考察的重点内容，可以通过了解应聘者的工作经历来查询其过去工作的有关情况，以判断其所具有的实践经验和达到的程度。同时，通过查询工作经验还可以考察出应聘者的责任感、工作态度、思维能力以及应变能力。在这一阶段，面试官还要注意观察应聘者的面部表情和身体动作，以考察其个性行为特征。该阶段结束时，面试官应对应聘者与职位的符合程度做出初步评估。

以人力资源总监助理职位为例，看看在对这个职位的候选人进行面试的时候如何运用各种类型的问题。

面试者：请问当你与用人部门的主管对某一职位的用人要求有不同意见时，你是怎样处理的？（开放性问题）

候选人：我想我会尽量与用人部门的主管沟通，把我的想法和理由告诉他，并且询问他的想法和理由，双方求同存异，争取达成一致意见。

面试者：那么你能不能举出一个你所遇到的实例，当时用人部门的主管与你在某个职位的要求上没有达成共识，给我讲一讲当时的情况是怎样的？（行为性问题）

候选人：好吧。有一次保安部门有一个保安人员职位的空缺，用人部门的经理要求找到的人必须身高在 180 厘米以上，体重在 80 公斤以上。

面试者：为什么？（探索性问题）

候选人：因为他认为身材强壮的保安人员对坏人具有威慑力。

面试者：那么后来怎么样了呢？（探索性问题）

候选人：我向那个部门经理解释这并不是必要的条件。因为对于保安人员来说，忠于职守、负责任、反应敏捷、有良好的自我控制能力这些才是最重要的，而身高和体重则不必非得提出那么高的要求。

面试者：那个部门经理是怎样反应的呢？（探索性问题）

候选人：他还是坚持他的意见。

面试者：那么你是怎样做的呢？（探索性问题）

候选人：我对他说，如果你能够拿出一些统计数据表明保安人员的身高和体重确实可以阻止坏人的犯罪企图，那么我就接受这条要求，否则的话，提出这种要求就是没有道理的。

面试者：那么接下来情况怎么样了？ （探索性问题）

候选人：接下来那位部门经理收回了他的意见，到现在为止，那个职位还处于空缺的状态。

面试者：那么你和那位部门经理这次意见不一致是否影响了你们之间的关系？ （封闭式问题）

候选人：没有。

从上面这些例子中可以看出，将开放性问题、探索性问题、假设性问题、封闭性问题和行为性问题结合起来，将会有效地得出关于被面试者的关键胜任能力的信息。

4．确认阶段

这是面试的尾声阶段，此时面试的主要问题已谈过了，面试官可以提一些更尖锐、更敏感的问题，以便能更深入地了解应聘者，但要注意尊重他人的人格和隐私权。

在面试进入最后阶段，双方可以进行职位本身问题的讨论，这时面试官可以给应聘者一份该职位的职位说明，并回答应聘者的疑问。 若他问的是诸如职位技术事项、职位细节、训练和发展机会等问题，那么他可能是公司争取的人选，这时可以与应聘者讨论薪资待遇方面的问题。 确认阶段在整个面试中所占的百分比为5％ 。 在这个阶段典型的问题有：

"刚才我们已经讨论了几个具体的实例，那么现在你能不能清楚地概括一下你在安排新员工培训方面的程序是怎样的？"

"前面提到你曾经帮助人力资源总监制订有关的人力资源政策。 具体地讲，你自己到底做了哪些工作？"

"在刚才的那个例子里，你帮助用人部门的经理找到了合适的人选。通常来说，你在帮助一个用人部门寻找合适的人选方面要经历哪些步骤？"

5. 结束阶段

在这个阶段，面试官应给应聘者留下自由提问的时间。而且，还有一项不可忽视的工作就是对其进行评价，它是根据应聘者的面试表现，运用独立的评价标准，在评价表中对应聘者的能力、素质、工作动机及工作经验等进行评判的过程。每位面试官的评价结果是独立完成的，最后综合众人的意见，做出聘用建议。结束阶段占整个面试的百分比大约为5%。在这个阶段中，面试官如要提问，可以适当采用一些基于关键胜任能力的行为性问题或开放性问题。例如：

"你能够再举一个例子说明一下你是怎样对待一个比较难对付的客户的？"

"请再讲一些你在员工帮助系统中所做的工作？"

在这个阶段，有一些面试官不知道该如何有礼貌地结束面谈。事实上，如果能够采用下列几种方法愉快地停止面谈并不是一件难事。

第一，在面谈开始前，面试官应先限定好时间，并且让应聘者知道什么时候将结束谈话。这个时间可以根据招聘职位的重要程度和应聘者的多少来确定。

第二，在需要结束面谈时，面试官必须有些动作来暗示应聘者该是结束面谈的时候了。例如，如果面试官手上一直拿着铅笔或钢笔在记录着面谈概况时，就把手上的笔往旁边搁下，以表示面谈该结束了。如果面试官戴着眼镜阅读履历表等资料时，就把眼镜取下，往桌边一放。

但是不论采用什么方式来终止面谈，必须确定这些动作代表了适当的意义。所谓"适当"，就是要看面试官对这位应聘者的喜好程度如何而定。如果对这位应聘者非常中意的话，面试官就要让他知道自己对他非常感兴趣。如果喜好程度是一般，则要告诉他虽然感觉他很不错，但还需要一些时间考虑。如果面试官不喜欢这位应聘者，则要有礼貌但不做任何承诺地告诉他："你的背景资料很好，但是我们还有其他的人要看，如果我们希望你加入本公司的话，会尽早通知你。"无论如何，不要把话说得太露骨，免得伤害了对方。

在面试时对每一位面试者要前后一致，不应前紧后松。这种情况在面试时也是会经常出现的。往往是在刚开始时，面试官都精神十足，踊跃提问，但是到了后来，已经没有精力和兴趣再去关心面试者了。所以，在安排面试时，如果面试人员较多，则要注意安排中间的休息时间。比如在 1 小时左右就可以休息 10 分钟，一天总共的面试时间不要超过 4 个小时。

最后，在面试结束时，一定要收集到每位面试官的书面意见，以便在对应聘者进行综合评价时有据可查。

面对各类应征者，面试官应该能熟练运用各种面试技巧，控制面试的进程。在面试的过程中，要有节奏地掌握面试的几个阶段，妥善舒解应征人的紧张，营造轻松的气氛，同时应具有某种驾驭人的能力，使面试过程能够圆满完成。

第四章
合理用人：知人善任，人尽其才

优秀的领导者认为，人才到手还须用之有方，否则，不但会造成人才资源的隐形浪费，而且也会因为人才在你这里实现不了自身价值而流失。有鉴于此，他们都很注重用好、用活人才，各类人才不但在最能发挥所长的岗位上工作，而且他们的研究、发明、创造，都能得到领导的全力支持。这样不但使这些人才大都能体现自身价值，而且也不断地吸引着更多更好的人才前去效力。

用人的基本要领与原则

用人是一门学问，需要在实践中不断地探索。 一般来说，合理用人应该掌握以下的基本要领与原则。

1. 用人的要领

（1）要有容才之量

完美无缺的人是根本不存在的，特别是一个有某方面特长的人，可能在另一方面存在着缺点和不足。 人各有长，也有其短。 大才者常不拘小节，异才者常有怪癖，恃才自傲往往是个通病。 人才常常优点越突出，缺点也就越明显。 用人不易，容才更难。 有的领导者身边虽有人才，但矛盾重重，关系紧张。 有的人才本来是领导自己选来的，但过不了多久便后悔不迭。 在许多情况下，一个心胸狭窄的领导者，所耿耿于怀的往往不是人才的缺点，而是人才的特点。 既是人才，必有他自己的独到见解，对自己的观点见解及才能充满信心，因而不会轻易附和领导的意见。 既是人才，由于忙于求知做事，自然没时间和精力去拉关系，走后门，有的甚至不懂人情世故，有的不知社交礼仪，有时会不顾领导情面，不分场合地点直言不讳，这些恰恰容易被人称为"狂妄""傲气"。

尤其是有时这个人才以前正好是他的对头。 在这种情况下，作为一个领导，应当具有宰相度量，大将风度，在不违反原则的前提下，应当排除来自各方面的压力和干扰，大胆起用人才。 当然，这并不是说一切都要放任自流，对人才的缺点错误，还是要晓之以理，动之以情，帮助其不断地改正。

领导者应该具有容人的度量，善于理解和容忍人才的缺点和短处，虚怀若谷，不能小肚鸡肠、斤斤计较。

（2）要有举才之德

发现了人才，应当不失时机地举荐出来。 这样做，无论于公于私都是大有益处的。 看着一个人才的存在而让其白白浪费是令人痛心的事情。 当你真正发现一个人才之后，就应当通过正常途径把他放在适合于发挥其特点的工作岗位上，并且充分信任他，授之以权，因为无职无权是没有办法开展工作的。 特别是对一个有特长的人才，又想用又怀疑，那就只能促使他人动心思。

（3）要有用才之能

现在不少地方，不少单位竞相开发、招揽人才，许多领导用了很大的精力，费了很长时间来培养人才。 然而有些领导者往往忽略了人才的合理使用，没有将下属安排到合适的岗位上，造成了人才的浪费。 解决这个问题，领导者一定要有系统思想，从全局和长远角度来看问题。

（4）要有育才之术

人的成长与进步，除了自身素质和主观努力之外，处在良好的环境中，并得到领导及组织的正确培养，不能不说是个重要因素。 因此，领导的职责之一，是在用人的同时，不忘有意识地进行培养教育。 只培养不使用，这种培养毫无意义可言。相反，只使用不培养，则是领导的一种失职。

领导者不仅要有育才之心，还要能够研究掌握育才之术，即有效的育人方法，自觉地在工作中循循善诱，启发引导，言传身教，潜移默化；注意为下属施展才能、成长进步提供必要的条件及环境；在下属困惑与挫折时，及时给予支持与帮助；不断给下属工作压力，以防止他骄傲自满，故步自封；允许下属犯"合理错误"，让他们在磕磕碰碰中成长进步。

2. 用人的原则

（1）扬长避短

就是用其所长，避其所短和代短为长的原则。美国著名管理学家杜拉克指出："有效的管理者择人任事和升迁，都以一个人能做些什么为基础。所以，他的用人决策，不在于如何减少人的短处，而在于如何发挥人的长处。"领导者用人的要诀之一，就是如何发挥人们的长处，而不是寻找十全十美的"完人"。如果不能见人之长，用人之长，而是念念不忘其短，势必会产生轻视人、压制人的现象。

（2）充分授权，放心使用

就是用人专一，不肯动摇的原则，包括用人不疑、放心授权、专任久任等方面。上级既然任用了下级，就要大胆使用，放手授权，而绝不可以又放又收，暗中遥控，处处制约，使下级有职无权。作为一个领导者，对于自己选好的下属，就要给以充分的信任和支持，为他们提供必要的工作条件，即使其犯了错误也要原谅和帮助。只有这样，被用的人才能背后有靠，手中有权，放手大胆地施展自己的才华。如果对人既要任用，又存疑虑，收收放放，且用且疑，那么被用的人也只能是犹犹豫豫，战战兢兢，缩手缩脚，无所事事。因为他既感到自己是被利用，不被信任，心中委屈，劲头本就不足，又提防一着不慎出了差错，酿成大祸，因而更不敢放手工作。这样的用人过程，实际上是一种猜心思、留后路、互相应付的过程。一个杰出的领导者必定是一个高明的授权人，充分授权是用人的最佳手段。

（3）能级原则

就是按照人们才能的不同层次，实行定位、定级管理的原则。根据能级原则，开辟多种走向人才的通道，并在这些不同的通道上设不同的台阶。同时，按照不同行业的不同台阶，授予不同的职权，赋予不同的荣誉，给予不同的利益。使人们的职、权、利基本上与其能质、能级相吻合。使其谋其政、尽其责，得其利，充分发挥才能。如果不分能级，一律对待，势必搞绝对平均主义，不是小材大用，就是大材小用，甚至正才歪用，造成人才能量的浪费。

（4）互补原则

合理搭配各种工作人员，使之在专业、智能、素质、年龄等各方面相互补充，组成一种最佳结构的原则。在现代社会里，许多工作需要许多知识、技能的联合攻关，不是一个人或一种人就能胜任的。事实证明，如果各种人员搭配得好，就会产生最佳效能，产生新的力量，这种力量和它的一个个力量的总和有本质的区别。如果搭配不好，就会互相扯皮，互相抵消，造成一种力量的内耗。每一个人都有自己的性格、脾气，每一个人又都有自己的爱好和特长，每一个人还有自己的经历和经验。怎样才能使这些人和睦相处，同舟共济而不发生内耗？唯一的办法就是用互补原则去协调他们，用一些人的长处去弥补另一些人的短处。互补原则体现在用人的多个方面，如"专业互补""知识互补""个性互补""年龄互补"。长短相配，以长济短，形成多种具有互补效应的人才结构，才能调动人们的积极性和创造性。

（5）激励原则

是指领导者采取肯定和奖励成绩，提出更大期望的方式，引起人们心理上的兴奋，产生新的动力的原则。在现代的用人过程中，激励越来越成为重要的手段。

（6）爱护原则

就是通过爱护的手段，激发起人们的积极性，从而更好地完成任务的原则。爱护原则的第一个要素是尊重。尊重会产生一致的行动；尊重才会焕发内在的积极性。爱护原则的第二个要素是关心。用人者越是对被用者关心，被用者越能积极、忠诚地工作。爱护原则的第三个要素应是宽容。以开阔的胸怀去对待别人的不足，如果对别人的短处"明察秋毫"，甚至"吹毛求疵"，那就会"水至清则无鱼，人至察则无徒"，看什么人都不顺眼，根本不能领导和团结人们一起工作。

用人应根据需求安排职位

管理者在用人的时候，可以结合员工的实际能力和需求，把他们安排在合适的岗位上。

管理者必须清楚地知道员工的一些基本情况，比如学历、资历、目标、家庭的经济情况等，以此为基础，具体分析出不同的员工各自有什么样的需求。比如，有的员工没有多少学问，经济情况一般，只想通过多干、苦干来挣更多的钱。这时，如果管理者以总经理的职位去诱惑他，那么，他是不会尽力去为企业做事的。因为对他来说，总经理这个职位遥不可及，他更看重的是切实可以使家里经济情况得以改善的方法。

在正确分析出员工的需求后，管理者就把这些需求放在他们可以看得到的地方。由于员工也明白天上不会掉馅饼，要想得到必须付出。于是，他们就会不断努力，争取将那些只能看、不能摸的东西变成自己的。而当需求实现后，他们已经为公司出力了，公司的效益也会因此得到大幅度的提高。

那么，员工的需求到底有什么特点呢？这是管理者必须明白的。

1. 层次性

由于家庭环境、教育程度、社会地位等方面存在差异，员工的需求也不相同。有的员工家里经济困难，他们最需要的是解决实际的生活保障问题；有的员工已接近老年，不求升职，只求各种福利齐全和工作稳定；有的员工胸怀大志，不在乎月薪有多高，他们需要的是能够不断地学习各种知识和经验，为以后的发展铺一条平坦的路；有的员工对目前的境况非常满意，什么都不缺，不需要更多物质上的追求，只希望能够得到上级的尊重、认可或信任。

这样一来，员工的需求就形成了一种层次阶梯，最低层次是保证基本的生活问题，最高层次便是得到精神方面的奖励或支持。

作为管理者，如果感觉到自己尽管费了很多精力，仍然不能够激发员工的工作热情，不妨从这个方面来反省和思索。

2．转化性

员工的需求不是一成不变的，一般来讲，随着外在和内在条件的变化，他们的需求会不断提升，由较低的需求层面向较高的需求层面转化。

员工的意愿很大程度上影响他们工作状态，并直接影响工作效益。所以，企业管理者要时刻注意员工的情绪波动，弄清他们的心思意愿。

用人应根据能力安排职位

古人云："才不称不可据其位，职不称不可识其禄。"作为企业的管理者，要深谙个中道理，在用人时应根据能力来安排职位。

1．授任必求其当

古人云："君子所审者三，一曰德不当其位，二曰功不当其禄，三曰能不当其官，此三者乃治乱之原也。"由此而知，能当其位是任人的重要原则，是合理用人的首要前提。而欲能当其位，首先要求授任必求其当。

"用人必考其终，授任必求其当"，此处所指之"当"讲的就是以下两方面的内容：

一是用人必求适位。每件事都有不同，每个人又各有所长，任用人的要点，必须使人的长处适应事的需要，才能使事业得人。 有一次，武则天问狄仁杰："朕欲得一贤士，你看谁行呢?"狄仁杰说："不知陛下需要什么样的人才?"武则天说："朕欲用将相之才。"狄仁杰说："荆州长史张柬之是大才，可以任用。"武则天于是任命张柬之担任洛州司马。 过了几天，武则天又求贤，狄仁杰说："臣已推荐张柬之，怎么还没有任用?"武则天说："朕已经提拔他任洛州司马!"狄仁杰说："臣向陛下推荐的是宰相之才，不是司马之才!"武则天于是又把张柬之提拔为侍郎，后来又任用他为宰相。 就选贤而论，不能说武则天无任人唯贤之德，但是，就能当其位而言，武则天则无任人之明了。 而恰恰在这点上，狄仁杰却有他高明之处，即宰相之才不可任为司马。

二是"制器必用良工"。 欲使能当其位，必用"精术"之人。 因为，同为"胜任"，有两层含义：一方面是"完成任务"，而另一方面却是"卓有成效"，其中包含"很有创见"。 人们所希望的当然是一方面，而要实现此目的，非得"良工"不可，即非得精于此道而具高超技能者不可。

要做到上述两个方面，必须要做好两项工作，即：职业分析和因岗选人。 所谓职业分析，是指对每一种职业所需要的能力的种类、分量及其气质特点进行鉴别并做出明确的规定。 人事心理学认为，不管哪一项工作，不仅需要有与之相适应的一般的智力，而且还需要与该工作性质相符合的某些特殊能力。这些特殊能力，主要是指某些动作能力、语言能力、想象能力和判断能力等。 不同工作所需特殊能力不仅在种类上有差异，而且在分量上也不同。 除此之外，一定工作还需要一定性格与气质的人来担当。 比如，需要小心细致的工作，适合选用抑郁质或黏液质的人；需要广泛交往、活动性强的工作，适合选用多血质的人。职业分析的目的在于确定每一项工作需要能力的种类与水平以及相应的性格和气质，以作因事择人的依据。而因岗选人，则是在职业分析或岗位分析的基础上，制定各岗位人员的选聘标准，并以此挑选合适人才。选聘标准包括个人品质、专业水平、文化程度、性格、能力、经验、年龄、健康等方面。不同的岗位采取不同的任用形式，或选任，或委任，或聘任，或考任，从而选择出所需人员，以满足工作需要。

2. 授任应避免"功能过剩"

能职匹配，一方面要考虑是否胜任其职，另一方面要防止"功能过剩"，即避免"大材小用"。因为"大材小用"势必造成一个人能力的部分浪费；势必造成"高位"无才和"低位"人才堆积的情况；势必挫伤"大材小用"人员的积极性，使其"骑马找马"，另图高就，难安其心。

那么，如何避免功能过剩呢？

第一，任人标准不可贪求太高。任人标准假如超过实际需要而定得太高，则必然使人望而止步，必然使人们对职业估价太高，这固然对一部分进取心、事业心较强的人是一种"带挑战性"的有趣工作，但是，如果就职后，发现其"轻而易举"，毫无进取可能，必然导致另图他就。比如，很多企业招聘时，列出了"本科毕业，英语六级以上……"等条件，实际上，不过是招个秘书。当然，我们并不反对严格用人标准，只是提醒要考虑现有的客观条件和客观实际需要，否则必然会有违因事择人之初衷。

第二，任人标准不可太过分武断，而应带有一定的"弹性"。因为过分武断，则会使人增加压迫感，尤其是一些对自己能力估价不足的性格内向者，更是望而却步。正确的做法是把任人标准据事之所需，分为必要条件和参考条件两种，必要条件就是从事某种工作不可缺少的必备条件；参考条件即是有之更好，无之也可的条件。在备选人员较多的条件下，必要条件则可高一些；反之，则可低一些。不过，也必须以"胜任工作"为原则。

第三，取消一切不必要的标准。添加不必要的条件和标准，在客观上缩小了备选人员范围，增加任人的难度，实为画蛇添足，多此一举。例如，要求一位经理熟悉文学创作；要求一位电工具有较强的口头表达能力，则无必要。尽管要求经理熟悉文学、电工精于演讲其实也不为坏事，可是如果真的列上这一条，恐怕能胜任者也就减少了。

有人说："要想熟练地进行加法，同时必须精通乘法。"借此强调知识面放宽对胜任工作的重要性。不可否认，放宽知识面对于工作确有一定的积极影响，可是，进行加法，则未必一定要精通乘法，如果真的精通乘法，那最好的办法是将其从"加法"岗位调至"乘法"岗位，否则，会有"大材小用"之虞。

3. 用人须各适其职

《西邻五子》的寓言故事中讲到：西邻共有五个儿子，"一子朴，一子敏，一子矇、一子偻、一子跛。乃使朴者农，敏者贾，矇者卜，偻者绩，跛者纺，五子者皆不患于衣食焉。"这就是说，西邻将五个儿子中质朴老实的安排种地，将机敏伶俐的安排经商，将双目失明的安排占卜，将背驼的安排搓麻绳，将跛足的安排纺线。因此，五个儿子都不愁吃穿了。西邻安排五个儿子采取的就是扬长避短，各适其职的方法，也就是今天所要求的能、职相匹原则。

每个人的才干都有质的区别，这叫能质。在相同的能质下，能量的大小才可以相比。我们所说的能职匹配，就是指在人才的任用上，必须根据不同工作系统对人才能质、能级的要求，选用具有相应能质、能级的人才，并且要保持人才系统中的能质、能级要求与人才具有的能质、能级之间的有机协调和动态对应，以实现因事择人，量才录用，才尽其力，事竟其功。

在能质相同的情况下，能与职的关系有三种：

一是能等于职。即人才的能级与岗位、职位相等，这种安排使用人才的方式稳妥可靠。不过在现实中几乎没有完全相等的情况，因为人的能力随着不断学习和工作经历的增长而提高，岗位、职位要求也是在不断发展而要求也不断提高。

二是能大于职。即人才的能力的级别超过了岗位、职位的要求。出现这种情况，表面上看起来，力大担子轻，余勇可贾，工作起来应该非常出色。但是现实生活中却事与愿违，所以尽量避免出现这种情况，因为每个人都有实现自我价值的强烈愿望，能力大大超过职位、岗位的要求，因余力得不到发挥，不能充分显示自己的才华，积极性受挫，工作反而做不好，也就"大材小用"。

三是能小于职。即人才担任的工作超过了他的能量级别，如果人才的能力稍微小于工作职位要求，有利于促进人才的成长，因为压力会变成鞭策前进的动力。多数人才的成功都是这种压力不断作用的结果，人们常用"压重担"等词来形容此种安排。但是如果能与位相差太大，超过了极限，不但会因为"担子"太重使身体"伤筋动骨"，而且也会给事业带来损失。

上述三种情况，对不同年龄的人作用也就不一样。 一般情况下，能等于职，适合于中年人，一方面中年人年富力强，能当重任；另一方面，中年人一切处于比较稳定状态，其能力的弹性相对减少。 能大于职，适宜于老年人，老年人争强好胜之心日弱，常常怀有甘做人梯精神，其能力几乎没有弹性且日渐萎缩。 能小于职，有利于培养青年人，青年人处在工作的起点上，前途远大光明，处于正在增长知识才干的年龄阶段，并且上进心极强。 这里所说的年龄与能、位的关系，主要是从人的生理状况而言，另一方面从现实生活中看，真正做到能、职相匹是十分困难的，多数情况下只求相对合理，当然不合理的情况也是随处可见的。 既然不可能完全做到能、职匹配，那只有"以小合理代替不合理，以大合理代替小合理"了。

用人要善于委派任务

委派工作看似小事，却是体现管理者用人艺术的关键之处。 委派工作给合适的人是工作任务高效高质量完成的保障。

身居管理者位置的领导者并不一定会自然产生正确委派工作给别人的能力。 事实上，许多领导者常常是非常拙劣的委派者。 他们虽然也分配工作，但对工作的情况、下属的情况却不完全了解。 他们常常把工作分配给不适当的人去做，结果当然不会好。 等到浪费了很多时间以后，他们便又卷起袖子亲自去做。 这样一来，不仅浪费了时间和金钱，而且打击了下属的积极性。

现代领导者的一个非常重要的职责就是要把工作委派给别人去做。怎样才能做到有效的委派呢？美国的皮尔斯提出了有效委派系统的七个步骤。如果你能认真地遵守这些步骤，就能够提高自己的用人能力，改进部门的工作，提高企业的效率，把自己从具体事务活动中解放出来。

1. 选定需要委派的工作

认真考察要做的各种工作，确保自己理解这些工作都需要做些什么、有些什么特殊问题或复杂程度如何，在你没有完全了解这些情况和工作的预期结果之前，不要轻易委派工作。

当你对工作有了清楚的了解以后，还要使你的下属也了解。要向处理这项工作的下属说明工作的性质和目标，以保证下属通过完成工作获得新的知识和经验。如果把工作委派出去以后，还要确定自己对工作的进展情况的了解，那就要亲自处理这项工作，而不要把它委派出去了。

切记不要把"热土豆"式的工作委派出去。所谓"热土豆"式工作，是指那些处于最优先地位并要求你马上亲自处理的特殊工作。例如，你的上司非常感兴趣和重视的某项具体工作就是"热土豆"式工作，这种工作你要亲自去做。另外，非常保密的工作也不要委派给别人去做。如果某项工作涉及只有你才应该了解的特殊信息，就不要委派出去了。

2. 选定能胜任工作的人

建议你对下属进行完整的评价。你可以花几天时间让每个下属用书面形式写出他们对自己职责的评论。要求每位下属诚实、坦率地告诉你，他们喜欢做什么工作，还能做些什么新工作，然后，你可以召开一个会议，让每个职员介绍自己的看法，并请其他人给予评论。要特别注意两个职员互相交叉的一些工作。如果某职员对另一职员有意见，表示强烈的反对或提出尖锐的批评，你就要花些时间与他们私下谈谈，在这种评价过程中，你还需要了解工作和职员完成工作的速度。你要通过这种形式掌握职员对他自己的工作究竟了解多深。

如果你发现有的职员对自己的工作了解很深，并且远远超出你原来的预料，这些人就有担负重要工作任务的才能和智慧。

了解职员完成工作的速度是另一个重要任务。例如，你可能知道一位秘书的打字速度是另一位秘书的两倍，或者一个助手完成同样困难的任务所用时间是另一助手所用时间的一半。一旦你掌握了每个工作人员对其工作了解的程度和完成工作的速度等情况以后，就可以估计出每个人能够处理什么样的工作了，也就可以回到委派工作的分析上来，决定把工作委派给能达到目标要求的人。

如果你对职员的分析正确无误，那么选择能够胜任工作的人这一步就比较容易做好。回到对工作的了解和职员完成工作速度这两个主要标准上来，然后，你再决定是想把工作做得好还是快。这种决策目标将会向你说明能够胜任工作的人是什么样子的。这样，你就有可能让最有才能的职员发挥最大的作用。但有一点也要记住，那就是你要尽量避免把所有的工作都交给一个人去做。

除了上述两个主要标准以外，其他因素也在委派工作中选择合适的人上起作用。时间价值就是一个很重要的因素。要注意不要把次优先的工作分配给公司中具有很高时间价值观念的职员去做。 不量才用人，既浪费钱财，又影响职员的积极性。

总之，只要认真根据职员对工作的了解、完成工作的速度、时间价值观念和对他的培养价值这几条原则办事，就可以选择出能够胜任你要委派工作的人。

3. 确定委派工作的时间、条件和方法

大多数管理者往往在最不好的时间里委派工作，他们上午上班后的第一件事便是委派工作。 这样做可能方便管理者，但却有损于职员的积极性。 职员有什么感觉呢？ 下属带着一天做些什么的想法来到办公室，一上班却又接到新工作，他们被迫改变原定的日程安排，工作的优选顺序也要调整。 这样做的结果便是时间的浪费。

委派工作的最好时间是在下午。 你要把委派工作作为一天里的最后一件事来做。 这样，有利于下属为明天的工作作准备，为如何完成明天的工作作具体安排。 还有一个好处，就是职员可以带着新任务回家睡觉，第二天一到办公室便集中精力处理工作。

面对面地委派工作是最好的一种委派方法。 这样委派工作便于回答下属提出的问题，获得及时的信息反馈、充分利用面部感情和动作等形式强调工作的重要性。 只有对那些不重要的工作才可使用留言条的形式进行委派。 如果要使下属被新的工作所促进和激励，就要相信在委派工作上花点时间是值得的。写留言条委派工作，可能快并且容易做到，但它不会给人以深刻和重要的印象。

4．制订确切的委派计划

有了确定的目标才能开始委派工作。 谁负责这项工作，为什么选某人做这项工作，完成这项工作要花多长时间，预期结果是什么，完成工作需要的材料在什么地方，下属怎样向你报告工作进展等。 委派工作之前，必须对这些问题有明确的答案。 你还要把计划达到的目标写出来，给职员一份，自己留下一份备查。 这样做可以使双方都了解工作的要求和特点，不留错误理解工作要求的余地。 应该让这种委派计划指导有效委派工作的全过程。

5．执行委派计划

在委派工作之前，需要把为什么选他完成某项工作的原因讲清楚，关键是要强调积极的一面。 向他指出，他的特殊才能是适合完成此项工作的；还必须强调你对他的信任。 同时，还要让下属知道他对完成工作任务所负的重要责任，让他知道完成工作任务对他目前和今后在组织中的地位会有直接影响。

在解释工作的性质和目标时，要向下属讲出你所知道的一切。 不要因为没有讲完所掌握的信息，而给下属设下工作的陷阱。 你要把所有的目标全部摆出来：比如谁要求做这项工作的、要向谁报告工作、客户是谁，等等。 还要把自己在这个工作领域的体验也告诉下属，让他们了解过去的一些事情是怎样处理的，得到了一些什么结果等。 要让下属完全理解你所希望得到的结果。 如果可能，尽量列出事实、数量和具体目标。那种"这件事需要快办"的说法不是对工作的充分解释。

给下属规定一个完成工作的期限。 让他知道，除非在最坏的环境条件下才能推迟完成工作的期限。 向他讲清楚，完成工作的期限是怎样定出来的，为什么说这个期限是合理的。 另外，还要制定一个报告工作的程序，告诉他什么时间带着工作方面的信息向你报告工作；同时，你也要向他指出，要检查的工作的期望结果是什么，使他明确要求。

最后，你要肯定地表示自己对下属的信任和对工作的兴趣。像"这是一项重要工作，我确信你能做好它"这样的话，可对下属发挥很大的激励作用。 总之要记住，委派好工作，不仅能节约时间，而且可以在职员中创造出一种畅快的工作气氛。

6. 检查下属的工作进展情况

确定一个评价委派出去的工作进展情况的计划是很有技巧的事。 检查太勤会浪费时间；对委派出去的工作不闻不问，也会导致灾祸。

对不同工作，检查计划也有所不同。 这主要取决于工作的难易程度、职员的能力及完成工作需要时间的长短。 如果某项工作难度很大并且是最优先的，就要时常检查进展情况，每两天检查一次，保证工作成功而又不花费太多时间，这类工作都有一个内在的工作进展阶段，一个阶段的结束又是另一个阶段的开始。 这种阶段的停起时间也是检查和评价工作进展情况的最好时间。 当你把一项有困难的工作委派给一个经验较少的下属去做时，不论从必要性还是从完成工作的愿望上来讲，多检查几次进展情况都是有益的。 对这种情况，你可以把检查工作进展的次数定为其他下属的两倍。 除了定期检查工作以外，还要竖起耳朵倾听下属的意见和报告工作进展的情况。 要让下属知道你对他的工作很关心并愿意随时和他一道讨论工作中遇到的各种问题。

你既然把某项工作交给了下属，就要相信他能胜任这项工作。 因此，每周检查一次工作也就足够了，但要鼓励下属在有问题时随时来找你，另外还要让他们懂得你的鼓励不是不必要的打扰。

评价工作进展的方法必须明确。 要求下属向你报告工作是怎样做的，还有多少工作没有做完，让他告诉你工作中遇到的问题和他是怎样解决这些问题的。 最后，你要用坚定的口气向下属指明，必须完成工作的期限和达到要求的行动方案，促使下属继续努力工作。

7．检查和评价委派工作系统

当委派出去的工作完成以后，你要在适当的时候对自己的委派工作系统进行评价，以求改进。 可以组织一个小组，小组中的每个成员都可以评价和批评他们在完成委派工作中的表现。 最好是要求大家用书面形式把意见写出来，然后召开一个短会对这些书面意见进行讨论。

为了做好委派工作系统的评价工作，需要解决这样一些问题：工作是否按期完成，工作的目标是否达到，下属是否创造出了完成工作的新方法，他们是否从工作中学到了一些新东西或得到了某种益处。 把这些问题作为评价委派系统工作情况的基础，邀请下属进行评论。 实践证明，最准确的评价和最要害的批评往往来自下属。 因为他们是任务的执行者，对评价委派工作系统要比管理者更有发言权。

评价过程中的一个重要方面是要实行奖励。 怎样奖励一个工作做得好的助手？许多情况下，管理者"奖励"给下属的往往是更多更重要的工作，因为事实证明他能干，为什么不让能干的人做更多更重要的工作呢？这种想法和做法从道理上讲无可非议，但实际上却有点滥用职权，如果一个有才能有责任心的下属觉得他工作成功的奖赏只有更多的工作负担，特别是当他所做的工作是其他人的两倍而报酬却没有相应增加时，他便很难受到激励。

尊敬和赋予新的工作责任是对下属的奖励，但一味地加重工作负担则不在此列。即使你从内心里认为对下属的信赖是一种极大的奖赏和促进，那也不行，比较好的办法是，向他们透露点个人的事情，如你与上司的问题，你对其他有关工作的反对意见、批评和评论等。这类内部信息表明你对他的真正信任和尊敬，会鼓励他更有效地工作。

第五章
用人不疑：充分信任，大胆授权

　　美国心理学家查雪尔说过："一个杰出的管理者必定是一个高明的授权人。"有才能的人在得到权力的光顾之前，都会有怀才不遇的感触，而一旦受到倚重，他们就会爆发出让人感到不可思议的能量。作为管理者，如果你想提高用人的效率，就要用人不疑，学会授权。

有效授权要经过充分的准备

凡事预则立，不预则废。 即使你已经下定了授权的决心，也不要轻举妄动。 兵法云："大军未动，粮草先行。"就是指在行动之前，要先做好准备工作。 授权绝对不是简单地把工作和权力交给下属，而是必须要经过周密考虑、精心准备，以免出现差错。 那么，具体应该怎么准备呢？

总的来说，管理者在实施授权之前，至少应该做好下面四种准备：

1. 培育授权气氛

授权不单是个过程，它还包括了人与人之间关系的变化。这种新的气氛基于合作与广泛的沟通，下属在一种被信任的心理环境和组织气氛中充分发挥其才华。 要让下属充分地意识到，组织在经历着一次变革，这次变革将要带来的，不是一些细微的变化，而是组织的全面改变：人际关系、决策方式、工作方式的深刻变化。 所以，管理者需要在待授权的组织内创造一种适于授权的气氛。

此时，管理者的角色是帮助各项授权前奏活动，倡导组织内部的改变。 授权可能会面临困境，但作为管理者，必须积极地倡导授权，不能因受到组织现行机制的围困而气馁不振。 作为管理者，你的远见与魅力正是对于弱小而有生命力的事物抱着坚定而乐观的信念，并以热烈的情绪去感召下属，促成管理的变革。

2. 选取授权任务

在正式开始授权之前，管理者要做的重要一步工作就是对必须完成的任务按照责任的大小，进行分类排队，不同类的工作对应不同的授权要求，你得到的结果应当是一张"授权工作清单"。

（1）必须授权的工作。 这类工作你本不该亲自去做，它们之所以至今留在你的手中，只是因为你久而久之习惯去做；或是你特别喜欢，不愿交给别人去做。 这类工作授权的风险最低，即使出现某些失误，也不会影响大局。

（2）应该授权的工作。 这类工作总体上是一些部属完全能够胜任的例行的日常公务，下属们对此有兴趣，觉得有意思或有挑战性，而你却一直由于疏忽或其他原因而没有交给他们去做。

（3）可以授权的工作。 这类工作往往具有一定难度和挑战性，要求下属具有相当的知识和技能才能胜任，你由于不放心而长期躬亲为之。 事实上，只要你在授权之外，特别注意为受权的部属提供完成工作所需的训练和指导，把这类工作交给下属，可以有机会让他们提高自己的才能并增长其才干。

（4）不能授权的工作。 每个组织的工作之中，总有一些工作关系到组织的前途、命运、声誉，直接影响你的业务拓展，这类工作一旦失误将要付出沉重的代价；或者这类工作除非你本人，别人无法完成，这类工作是不可授权的，必经你亲手为之。

3. 任务标准化

我们经常能听到授权受挫的管理者这样抱怨他的下属：
"当我把工作交给他们去做时，他们总是频繁地回来请示这该怎么做，那该怎么做。"

"我告诉他事情是这样的，他却总是似乎难以理解。"

"他们的工作报告总是不能令我满意，我总是不能得到期望的结果。"

出现这样的结果是因为，这些管理者没有很好地理解，把一件工作留给自己做与交给下属做对这件工作本身的要求是不同的，你交给下属的任务必须是标准化了的任务，这种标准化的含义包括下面几点：

（1）任务是明确表述的，有清晰的目标与方向。

（2）任务完成的程序具有相对稳定的模式，完全没有思路的任务不适于授权。

（3）完成任务所需条件是相对明确的，任务完成者知道如何寻求配合和帮助。

（4）任务的完成有相对明确的评估标准，以确定任务完成的质量。

管理者将公司或部门的工作任务标准化，其意义远不止在于授权的需要，它对于公司的科学的管理提升具有非凡的意义，是公司走向正规化、走向成熟、走向制度化管理而非管理者主观化管理的必经之途。

4. 准备承担责任

你已经下定决心实施授权，大量细琐的前期铺垫工作也已经完成，你即将跨越授权之门，但是，有一个问题你必须真正意识到，这就是：责任。

在实施授权之后，管理者的工作量减少了，但肩上的担子却不会因此而减轻；相反地，它只会加重。在实行授权之后，管理者不仅对尚未授权移出的职权负有全部责任，而且对于已经授权移出的职权也负有一定的责任。

作为管理者，你应该懂得对下属人员授权和仍要对下属人员的最终行为承担责任是两回事。就如同饭店经理必须依赖厨师搞好饮食供应，但经理仍要对饭店的饮食供应承担最终责任一样。

如果接受职权的下属在工作中出现失误，这个失误必须同时记在管理者的账上，尤其是当涉及本公司、本部门之外的公司或部门时。这一点，对于管理者来说是十分重要的，而也只有做好了承担最终责任的准备，授权的大幕才能真正拉开。

选择合适的授权对象

授权的时候，最让管理者发愁的当是授权给谁的问题了。这是授权工作的基础和关键一环。因为"授权给谁"的问题解决不好，不但难以出现预期的授权效果，反而会给管理者增添麻烦。

管理者要警惕的一点是，不要让那些削尖脑袋、投机钻营的人骗取权力，以达到其不可告人的目的。如果想要授权"高效多产"，其成员必须要经过精挑细选。

那么，管理者应该把权力交到什么人手里呢？

1．上司不在时能负起留守职责的人

有些部属在上司不在的时候，总是精神松懈，忘了应尽的责任。例如，下班铃一响就赶着回家；办公时间内借故外出，却长时间不回。

按理说，上司不在，部属就应该负起留守的责任。当上司回来，向他报告他不在时发生的事情以及处理的经过。如果有代上司行使职权的事，就应该将它记录下来，事后提出详尽的报告。选样的下属是可以授权给他的。

2．能够随时回答上司提问的人

当上司问及工作的方式、进行状况或是今后的预测，或有关的数字，他必须能当场做出回答。

好多部属被问到这些问题的时候，还得向其他员工探问才能回答。这样的部属不但无法管理他的下级与工作，也难以成为管理者的辅佐人。可以受权的部属必须掌握了职责范围内的全盘工作，在领导提到有关问题的时候，都能立刻回答才行。

3．致力于消除上司误解的人

管理者并非圣贤，也会犯错误或是发生误解。事关工作方针或是工作方法，管理者有时也会判断错误。

管理者的误解往往波及部属晋升、加薪等问题。碰到这种情况，有能力的部属不会以一句"没办法"就放弃了事，他会竭力化除上司的这种误解。

4．能代表他负责的团队的人

对部属而言，部属是他所在团队的代表人。 他是夹在上司与员工之间的角色。 从这个立场而言，部属必须做到：把上级的方针与命令彻底传达给员工，尽其全力实现上级的方针与命令。 另一方面，他随时关心员工的愿望，洞悉员工的不满，以员工利益代表人的身份，将他们的愿望和不满正确反映给上级，为实现员工的合理利益而努力。

夹在上级与员工之间，往往使部属觉得左右为难。 但是，他务必冷静地判断双方的立场，设法取得调和。

5．向上司提出问题的人

高层管理者由于事务繁忙，平时很难直接掌握各种细节问题。 因此，部属必须向上司提出所辖部门目前的问题，同时一并提出对策，以供上司参考。

6．忠实执行上司命令的人

一般说来，管理者下达的命令无论如何也得全力以赴，忠实执行。 这是部属必须严守的第一大原则。 如果部属的意见与上司的意见相左，当然可以先陈述他的意见。 陈述之后领导仍然不接受，就要服从上司的意见。

有些部属在自己的意见不被采纳时，抱着自暴自弃的态度去做事，这样的人没有资格成为上司的辅佐人。

7．提供情报给上司的人

部属与外界人士、其他员工等接触的过程中会接触各种各样的情报，这些情报有些是对公司不利的。 部属必须把这些情报谨记在心，并把它提供给管理者。

向领导作某种说明或报告的时候，有些部属习惯于把它说得有利。如此一来，极易让领导出现判断偏差。尤其是影响到其他部门，或是必须由领导做出某种决定的事，诚实可靠的部属在说明报告时必然遵守如下的原则：

（1）不可偏于一方。

（2）从大局出发，扼要陈述。

8．适时请求上级指示的人

部属不可以坐等上司的命令。他必须自觉地做到请上司向自己发出命令，请上司对自己的工作提出指示。适时积极求教，才算是聪明能干的下属。

9．不是事事请示的人

适时请示与事事请示有本质的区别。遇到稍有例外的事、员工稍有错失或者旁人看来极琐碎的事，也都一一搬到上司面前去请示，这样的部属令人不禁要问：授权给他到底和不授权有什么区别？

能干的部属对领导没有过多的依赖心。事事请求不但增加了领导的负担，部属本身也很难成长。如果他拥有执行工作所需的权限，就必须在不逾越权限的情况下，凭自己的判断把分内的事处理得干净利落。这样的人才值得管理者把更多的权力交给他。

10．作上司的代办人

接受权力的部属必须是上司的代办人。纵然上司的见解与自己的见解不同，上司一旦有新决定，部属就要把这个决定当作自己的决定，向员工或是外界人士作详尽的解释。

11. 知道自己权限的人

绝不能混淆职责界限。 如果发生某种问题，而且又是自己权限之外的事，就不能拖拖拉拉，应该立刻向上司请示。 越过顶头上司与更高一级领导交涉、协调，等于把上司架空，也破坏了命令系统，应该列为禁忌。 非得越级与上级联络、协调的时候，原则上也要先跟顶头上司打个招呼，获得认可。 能做到这一点的人，才可以授权给他。

12. 向上司报告自己解决问题的人

接受权力的部属，自己处理好的问题如果不向上司报告，往往使上司不了解实情，做出错误的判断或是在会议上出洋相。

当然，不少事情无须一一向上司报告。 但是，原则上可称之为"问题""事件"的事情，还是要向上司提出报告。

报告的时机因其重要程度的不同而有所区别。 重要的事，必须即刻提出报告，至于次要的或属于日常性事务，可以在一天的工作告终之时，提出扼要的报告。

13. 勇于承担责任的人

有些部属在自己负责的工作发生错失或延误的时候，总是找出许多的理由。 这种将责任推卸得一干二净的人，实在不能授权给他。

部属负责的工作，可说是由上司赋予全责，不管原因何在，部属必须为错失负起全责。 他顶多只能对上司说一声："是我领导不力，督促不够。"如果上司问起错失的原因，必须据实说明，而不是找一大堆借口辩解。 有些部属在上司指出缺点的时候，总是把责任推到他的下级身上，说："那是某某干的好事。"把责任推给下级，并不能免除他的责任。 一个被授权的部属必须有"功归部属，失败由我负责"的胸怀与度量才行。

掌握授权的方法与时机

不同的授权方法会产生不同的效果，所以决定授权的企业管理者应了解主要的授权方法。 同时，也要把握授权时机，这样才能达到授权的最佳境界。

1. 正确运用授权方法

任何企业或组织都有自身的发展目标，这些目标的实现绝不是管理者个人所能完成的。 管理者只有将组织的总目标进行必要的分解，由组织内部的各个管理层次及部门的所属成员，各分担一部分，并相应地赋予他们一定的责任和权力，才能使下属齐心协力，共同奋斗，努力实现组织的总目标。 那么，企业的管理者应该按照何种方法进行授权，才可以避免授权的盲目性和授权失当的现象发生呢？ 授权按照不同的标准，有不同的划分方法。 按照授权受制约的程度，授权的方法有五种：

（1）充分授权法

充分授权是指管理者在向其下属分派职责的同时，并不明确赋予下属这样或那样的具体权力，而是让下属在主管权力许可的范围之内，自由、充分地发挥其主观能动性，自己拟定履行职责的行动方案。这种授权的方式虽然没有具体授权，但在事实上几乎等于将主管自己的权力——针对特定的工作和任务的大部分下放给其下属。充分授权的最显著优点在于能使下属在履行职责的工作中实现自身价值，获得较大的满足，最大可能地调动下属的主观能动性和创造性。对于授权主管而言则大大减少了许多不必要的工作量。充分授权是授权中的"高难度特技动作"，一般只在特定情况下使用，它要求授权对象是具有很高素质和责任心的部属。

（2）不充分授权法

不充分授权是指管理者对其下属分派职责的同时，赋予其部分权限。根据所给部属权限的大小，不充分授权又可以分为几种具体情况：让下属了解情况后，由管理者做出最后的决策；让下属提出详细的行动方案，由管理者最后选择；让下属提出详细的行动计划，由管理者审批；让下属在采取行动前及时向管理者报告；让下属采取行动后，将行动的后果报告给管理者。

不充分授权是现实中最普遍存在的授权形式，它的特点是较为灵活，可因人、因事而异，采取不同的具体方式，但它同时要求上级和下级、主管和部属之间必须事先明确所采取的具体授权形式。

（3）弹性授权法

弹性授权是综合充分授权和不充分授权两种形式而成的一种混合的授权方式。弹性授权是根据工作的内容将下属履行职责的过程划分为若干阶段，在不同的阶段采取不同的授权方式。 弹性授权的精髓在于动态授权的原理。 弹性授权具有较强的适应性。 当工作条件、内容等发生了变化时，管理者可及时调整授权方式以利于工作的顺利进行。 管理者运用弹性授权时的技巧在于保持与部属的及时协调，加强双向的沟通。

（4）制约授权法

制约授权是指管理者将职责和权力同时委托和分派给不同的几个下属，以形成下属之间相互制约地履行其职责的关系。如会计制度上的相互牵制原则。 制约授权形式的应用，要求管理者准确地判断和把握使用的场合，它一般只适用于那些性质重要、容易出现疏漏的工作之中。 制约授权在应用中的另一个关键点在于：警惕制约授权可能带来的负面效应。 过分的制约授权会抑制下属积极性，不利于提高管理工作的效率。 制约授权作为较特殊的一种授权方法一般要求与其他授权方法配合使用，存其利，去其弊。

（5）逐渐授权法

管理者要做到能动授权，就要在授权前对下级进行严格考核，全面了解下级成员的德才和能力等情况。 但是当管理者对下属的能力、特点等不完全了解，或者对完成某项工作所需的权力无先例可参考时，就应采取见机行事、逐步授权的方法。如先用"勘理""代理"职务等非授权形式，使用一段时间，以便对下级进行深入考察。 当下属适合授权的条件时，管理者才授予他们必要的权力。 这种稳妥的授权方法，并非要权责脱节，而最终是使两者吻合和达到权责相称。

2．把握授权时机

一位决心授权的管理者，当他的脑海中已经形成一个授权的操作方案后要做的，是选择一个适当的时机，切入授权，这个时机的选择对于授权的效果可能会有显著的影响。

这种时机既可能是一些特殊的事件，也可能是一些司空见惯的现象再次出现时。把握这种时机，导入授权，能让部属切实感到授权之必要，或避免授权进入过程的生硬。

有效的授权者常在下列情形出现时授权：管理者需要进行计划和研究而总觉时间不够；管理者办公时间几乎全部在处理例行公事；管理者正在工作，频繁被部属的请示所打扰；部属因工作闲散而绩效低下；部属因不敢决策，而使公司错过赚钱或提高公众形象的良机；管理者因独揽大权而引起上下级关系不和睦；单位发生紧急情况而管理者不能分身处理另一件事情时；公司业务扩展，成立新的部门、分公司或兼并其他公司时；公司人员发生较大流动，由更年轻更有活力的中层管理者主持各部门、团队工作时；公司走出困境，要改变以往决策机制，以适应灵活多变的环境时。

广东贸易中心大楼是早期"广交会"的旧址，曾是中国连通世界的"金桥"。占地1.1万平方米，建筑面积4.4万平方米，楼高10层；地处海珠广场西侧，交通便利，周边是商业旺地，不少人看好它的升值潜力。

因为种种说不清的原因，它被拍卖了。在拍卖当天，大厅里人头涌动，好不热闹。当拍卖价升到3.8亿元时，多数竞拍者放下牌子不再应举，只有18号小姐和28号男士在一较高下。拍卖师宣布每次举牌加价100万，那位丽人不时用手绢擦拭额上的汗，对着手机轻轻地说了几句。男士倒是气定神闲，总是在 18 号举牌不久就再次举牌。"三亿八千九百万！第一次。"那位小姐对着手机咕噜了几句，再没有应声了。"第二次。"整个大厅静得连苍蝇飞过也能听见，男士环视全场，随时准备应战。丽人把眼睛轻轻地闭上。"第三次"。拍卖师故意拖长了声音，看有没有奇迹发生。"成交！"随着槌声落地，大厅里掌声雷动，闪光灯闪烁不停。事后，那位举 18 号牌的小姐懊悔地说："都怪我，把老板在电话里说的'不要怕'听成了'不要拍'，让这个好机会丢了。"

　　如果当时 18 号牌小姐的上级在拍卖前就完全授权，掌握好授权的时机，恐怕事情的结果就完全可以改写了。

　　可见，管理者只有授予下属必要的权力，放手让他们处理商务，才能在瞬息万变的商海竞争中赢取时间和成功。事例中的一成一败便充分说明了这一点。授予下属必要的权力，有助于培养下属的自信心，而且可以充分激发他们的潜能，提高他们解决实际问题的能力。事无巨细、事必躬亲表面上看管理有效，实则往往事倍功半、得不偿失。

　　按照何种方法授权，在什么时间授权，取决于当时的综合情况和工作的急缓程度，这需要管理者因时因地的考虑。但无论何种情况，管理者授权出去后，同样要对授权承担最终责任。然而在企业里，多数管理者都不放心权力下放，除了不信赖员工能力外，也害怕面对、承担失败的后果，所以，不管大小事情他都视为攸关企业存危，全部往自己身上揽，结果管理者累得心力交瘁，员工则对工作缺乏关心和热忱。一旦管理者垮掉，整个企业就会立刻陷入群龙无首的情形，没有人可以出来作决定，这对企业而言是多么可怕的一件事！

掌握授权与控制的平衡

授权与控制是现代企业管理者必须掌握的一门艺术，这对能否实现有效管理至关重要。松下的领导人松下幸之助先生认为，在管理中必须遵循授权加控制的原则。如果只授权而不控制，后果就是四分五裂；如果不授权只控制，则局面将会是一潭死水。实践中，松下先生在授权与控制上做得卓有成效，他既能让被授权者发挥主观能动性，又不至于使他们完全脱离控制而发生重大的失误。这恐怕要归功于他的那条著名理论——60％智慧，即放60%，管40%。他通过特定的用人和工作程序，使被授权者主动要求管理者的指导。这样做既发挥了部属的积极性和创造性，又化解了上级和下属之间的猜疑和掣肘。

从表面上看，授权好像就意味着放弃控制。因为授权会让企业的管理者对工作和局面的控制发生质的变化——退后了，但实则不然。

如果想成为一名优秀的企业的管理者，希望自己的公司不断成长，生命持久，参透"一手软，一手硬，一手放权，一手控制"的授权之道，是迟早要做的工作。只有参透这一授权之道，才能完成授权实施者与工作控制者的角色转换，只有完成这一角色转换，授权才能真正走上合理、有效的运行轨道。

高尔文是摩托罗拉创始人的孙子。1997 年，他接任 CEO 时，就采取充分授权的方式。他认为应该完全放手，让高级主管充分发挥能力。

然而自 2000 年以来，摩托罗拉的市场占有率、股票市值、公司获利能力连连下跌。摩托罗拉原是通信器材界的龙头，市场占有率却只剩下 13%，诺基亚则占 35%；股票市值一年内缩水 72%；2001 年第一季度，摩托罗拉更创下 15 年来第一次亏损纪录。

产生这个结果的最大原因，就是高尔文过于放权，拖延决策，不能及时纠正下属出现的问题。有一次，行销主管福洛斯特向高尔文建议，把业绩不好的广告代理商麦肯广告撤换掉。但高尔文对麦肯广告的负责人非常信任，所以迟疑了很久，表示应该再给对方一次机会。结果拖了一年后，麦肯持续表现不佳，高尔文才最后同意撤换。

充分授权本是好事，但授权后不管不问，在发现错误后还拖延纠正、优柔寡断，对企业是有非常大的杀伤力的。在摩托罗拉失败的卫星通信铱星计划上，这一点得到了充分的证实。卫星计划平均每年亏损 2 亿美元，但高尔文却迟迟没有叫停，给摩托罗拉带来了重大损失。

除此之外，高尔文放手太过，根本不会适时掌握公司真正的经营状况。他一个月才和高阶主管开一次会，在写给员工的电子邮件中，谈的也只是如何平衡工作和生活。就算他知道情况不对，也不愿干涉太多，以免部属难堪，这都明显属于授权失误。

摩托罗拉曾推出一款叫"鲨鱼"的手机。还在讨论进军欧洲的计划时，高尔文就知道欧洲人喜欢简单、轻巧的机型，而"鲨鱼"体型厚重而且价格昂贵，高尔文却只问了一句："市场调研结果真的表明这个项目可行吗？"行销主管说："是。"高尔文就没有再进一步讨论，而让经理人推出这款手机。结果"鲨鱼"手机在欧洲市场节节败退。

还有一次，摩托罗拉公开宣布，要在 2000 年卖出 1 亿部手机，而销售部员工几个月前就知道这一目标根本不可能实现，只有高尔文还不清楚发生了什么状况，最后当然是失败。

一直到 2001 年年初，高尔文才意识到问题的严重性，他害怕摩托罗拉的辉煌断送在他的手上，于是开始进行调整。他把组织重整，并开始每周和高层主管开会，改变自己"过于放权"的作风，才扭转了摩托罗拉公司发展的颓势。

高明的管理者，会对授权任务进行恰当的控制，使自己能随时掌握任务的进程，在最恰当的时刻，选择最恰当的方式，把跑偏的马拉回到最正确的轨道上来。

但是，许多企业管理者却常忽略这点，结果在最后关头功亏一篑。 这绝非危言耸听，只要环顾一下四周就能看见，有多少优秀的销售员，被升为管理者后，就无人问津，任凭他们自生自灭。

所以，管理者在把权力下放给合适的员工后，要想让他们有出色的表现，还要懂得"扶上马，送一程"。 通过"送一程"，确保合适人选与他的合适位置上升到珠联璧合的至高境界，让授权取得成功。

这意味着，在授权后，管理者除了需要说："现在，你可以放手去干了。"还需要告诉员工："如果有需要，就来找我吧！"

许多的管理者常常会将授权与放任混为一谈。 放任下属的后果是：不但把授权的成绩冲得一干二净，还会殃及整个企业。 身为管理者不可不防！

对放任进行预防的最好办法，就是监督。

一个管理者，即使他有再大的精力和才干，也不可能把公司所有的职权紧抓不放而事必躬亲，他总是需要把部分职权交给下属，让大家来共同承担责任。 有的领导每次向部下交代任务时总是说："这项工作就全拜托你了，一切都由你做主，不必向我请示，只要在月底前告诉我一声就可以了。"这种授权法会让下属们感到：无论我怎么处理，老板都无所谓，可见对这项工作并不重视。 就算是最后做好了，也没什么意思。 老板把这样的任务交给我，不是小看我吧？

不负责任地授权，不仅不会激发下属的积极性和创造性，反而会适得其反，引起他们的不满。

高明的授权法是既要下放一定的权力给部下，又不能给他们以不受重视的感觉；既要检查督促下属的工作，又不能使下属感到有名无权。 若想成为一名优秀的领导人，就必须深谙此道。

一位成功的企业家说得好："授权就像打篮球一样，不是把球交到谁手里，责任就是谁的，就什么也不管了。 一定要考虑整体局势，进行控制，相互照应。 这样，被授权员工的智慧才会获得增长，才能有足够的力量去完成授权任务。"

更明确一点来说，管理者交代一项任务给员工后，并不代表他的责任就已经完成了，还应该负起另一项重要职责——给予员工适时的帮助和指导。 为了让下属有效地执行授权的任务，管理者要注意以下几点。

1．切忌不管不问

指导下属工作的方针是防止这一点的关键。 由于有时会墨守成规或惰性习惯，所以要经常留意下属工作的状态，反复给予必要的指导，绝对不能把工作"抛"给下属以后就不管不问了。

2．防止疏漏工作环节

要做到这一点必须严格执行对工作的指示，例如工作的截止日期、管理者所要求报告的形式与次数等，要巨细无遗地指示下属完成工作的重点与应注意的事项。 即使相信他会遵守管理者的指示，但如果指示本身不明确或有疏漏，被信赖的下属出于好意，勉强执行，结果却未必会与管理者的想法百分之百吻合。 因此，希望下属能遵守的指示必须要明确。 只要指示能明确地表达，就可以相信对方能执行指示。

3. 力戒死板教条

工作的状态经常会变动，足以妨碍下属的工作效率。虽然领导相信下属一定能巧妙地应付那些变化，但有时变化会超出下属的权限。与其让下属竭尽心力，不如管理者凭着本身的观察，以及认真接受工作或部门状况的报告来判断，指点迷津。

4. 不要静以待之

管理者应当能掌握先机，实行与关系部门协调或支援等必要措施，及时解决出现的问题，不要坐以待命。

经由上述努力，管理者与下属之间才能形成良好的信任关系，才能使工作完成起来有章有法。这样的授权，才可以说是真正地信任下属。

最后，管理者还应注意以下两点。其一：必须日积月累地努力维持信赖关系。其二：信任下属与放任下属是两回事，不可懈怠于工作管理的努力。

从某个方面讲，授权是领导对下属品质、能力的充分肯定，让他按照制定的原则自己行事；但是这绝不意味着让那些不具备良好品质和突出能力的下属任意所为，以至于破坏企业形象。因此，授权是一种理解和依赖，放任则是一种散漫和纵容，作为企业领导应当记住这一点，切忌混淆了两者的关系。因此，授权下属是必要的，但不要走上另一个极端：放任！

第六章
有效激励:激发人才的工作热情

激励大师安东尼·罗宾曾经这样评判过企业管理者对员工的激励,他说:"每个企业的每名员工,不论在哪一方面,都具有巨大的潜能,作为企业管理者,应该能够用正确的方法去把他们的潜能激发出来,而这个正确的方法就是——不断激励他们。"人才的优势就是企业的优势,企业应该在引才、用才、留才及育才方面不断地进行激励,调动员工的积极性和创造性,才能保持企业的竞争之树常青。

公平是激励的前提

公平是激励中不容忽视的问题，尤其是针对当今家族式的私营企业，管理者偏心、偏向的现象普遍多见，"做好了，不被表扬，认为是应该的，做错了就要被严厉批评"。面对着这些不公平，一些下属畏于管理者的权威，可谓是敢怒而不敢言，大大地挫伤了员工的工作积极性。有个七人分粥的故事，其中蕴含的哲理值得管理者深思。

有七个人曾经住在一起，每天分一大桶粥。要命的是，粥每天都是不够的。

一开始，他们抓阄决定谁来分粥，每天轮一个。于是每周下来，他们只有一天是饱的，就是自己分粥的那一天。

后来他们开始推选出一个道德高尚的人出来分粥。强权就会产生腐败，大家开始挖空心思去讨好他，贿赂他，搞得整个小团体乌烟瘴气。

然后大家开始组成三人的分粥委员会及四人的评选委员会，互相攻击扯皮下来，粥吃到嘴里全是凉的。

最后想出来一个方法：轮流分粥，但分粥的人要等其他人都挑完后拿剩下的最后一碗。为了不让自己吃到最少的，每人都尽量分得平均，就算不平均，也只能认了。大家快快乐乐，和和气气，日子越过越好。

同样是七个人，不同的分配制度，就会有不同的风气。所以一个企业如果有不好的工作风气，一定是机制问题，一定是没有做到完全公平、公正、公开，没有严格的奖勤罚懒。如何制订一个公平的制度，是每个企业管理者需要考虑的问题。

公平体现在企业管理的各个方面，如招聘时的公平、绩效考评时的公平、报酬系统的公平、晋升机会的公平、辞退时的公平，以及离职时的公平，等等。

在工作中，员工最需要的就是能够公平竞争。松下公司则是通过推行资格制和招聘制，来增加人事管理的公平性和透明度，提高了员工的竞争意识和组织活力。公司首先在内部提出某项需求公开招聘的职位，各类员工均可应聘，但必须提出自己的工作计划、参加类似设计比赛的竞争活动，并接受相应的资格测验。经过各项定量的考评之后，最终确定相应的人员。为了资格制和招聘制的实施，松下还改革了工资制度，工资总体上分为资格工资和能力工资，使人事考评公开化。

无论管理者实施何种激励手段，真正的目的无非是希望员工安心于自己的工作并具有良好的绩效表现和创新能力。但公平与否却是激励过程中最引人注目的问题。可是有许多企业却不能做到这种公平，所以就会出现下面这样的故事。

刘正坤于2003年进入一家小有名气的外资企业，这家公司实行了工资保密制度，一般情况下，员工之间相互都不知道彼此的收入。但刘正坤对这份工作还是很满意的，一方面公司人际关系和谐，气氛轻松，工作虽累却很舒心；另一方面就是薪水也不错，底薪每月 3000元，还有不固定的奖金。

刘正坤一门心思扑在工作上，经常加班加点，有时还把工作带回家做，而且确实取得显著的成效。同事们都很佩服他，主管也很赏识他。

年终考核，人力资源主管对刘正坤的工作予以了高度评价，并告诉刘正坤公司将给他加薪 15%。听到这个消息，刘正坤高兴极了。这不仅是钱的问题，也是公司对他业绩的肯定。

同年进入公司的张海胜却高兴不起来，因为他今年的业绩并不好，午饭时两人聊了起来，张海胜不满地说："你今年可真不错，不像我这么倒霉，薪水都加不了，干来干去还是 3900 元，什么时候才有希望啊。"猛然间刘正坤意识到，原来张海胜的底薪比他高 900元。他对张海胜并没有意见，可是他想不通，即使不考虑业绩，两人同样的职务，张海胜的学历、能力都不比他强，为什么工资却比他高这么多呢？他不仅感到不公平，而且有一种上当的感觉：原来我一直以为自己的工资不低了，应该好好干，原来别人的工资都比我高。

员工不是在真空环境中工作，他们总是在进行比较。起初刘正坤对自己的工作和薪酬都相当满意，并且工作努力。可是，他工作了一年后，却发现了与他一起进入企业且与他年龄、教育经历相当的同事张海胜，每月的底薪比他多了 900 元，他很失望，感到不公平。当员工心中存在某种不公平的感觉时，便会对工作产生不满意。

当员工感到不公平时，他们可能会采取以下几种做法：A. 曲解自己或他人的付出或所得；B. 采取某种行为使得他人的付出或所得发生改变；C. 采取某种行为改变自己的付出或所得；D. 选择另外一个参照对象进行比较；E. 辞去他们的工作。

公平理论是一种关于社会的比较过程的理论。公平理论中的公平期望的基础是两个变量之间的关系：投入和收益。投入代表一个人在交易中所付出的，收益代表一个人从交易中所得到的。激励的效果取决于员工的公平感。员工做出一定的投入，总会期望获得相应的收益。他们不会无中生有地进行评估，相反，他们将自己的境况和他人作比较来判断他们自己的境况是否公平。人们将他们的遭遇和他人的作比较，这影响着他们对交易公平性的看法。

不公平存在于投入和收益的比率不相等的时候，它可能存在于这种情况：认为自己比别人工作努力、按时完成了所有的工作、比别人在工作中花费的时间更长，却和别人增加了相同的工资。在这种情况下人们认为他们的投入比别人大，所以他们理应获得更高的加薪。值得注意的是，当人们的报酬很多的时候，也会出现不公平状况，在这种情况下，他们会受到激励去努力工作以减少他和别人的投入与收益的不平衡。

通过调查结果，公司员工感觉的不公平会导致其内心紧张。 既然紧张是一种不愉快的感觉，管理者就需要用不断地激励来减少它，直到一种可以容忍的状态。 为了降低紧张程度和减少不公平的感觉，有关专家提出可根据不同的情况，逐步借助如下的一些手段来激励感觉不公平的员工：

1. 找到员工需求点

虽然激励的主体是员工，但管理者在激励的过程中往往从自己的认识出发，没有找到他们的需求点。 员工的不满足点就是管理者应该找到的员工的需求点，也就是员工认为怎么样好你就怎么样对待他，而不是你觉得这样对员工好你就这样对待他。 换句话说，就是把员工当作一个平等的主体，不是当工具、当简单的生产要素看，而是把他当作一个有他的文化背景、价值观，有需求的一个活生生的人，不是把管理者自身的欲望强加到员工身上。

2. 帮助员工正确了解自己和他人的投入和收益比

公平感是理想的产生与投入的比。 大多数人认为对等就是公平，不对等就是不公平。 因参照系的不同，对于企业中次要的多数与关键的少数是很难做到完全的对等，在这一点上，管理者通过企业文化的引导，可以要求员工不要去比，因为很多事情是没有可比性的。 在不清楚别人的投入情况时，如何判断别人的产出比自己更有效呢？

3. 提高员工积极性

大家知道在面对一项工作时，技术含量越大，人的积极性越高；对组织的重要性越高，人的积极性越高；工作过程中，自主程度越高，人的积极性越高。 人作为个体始终是现实的，对于企业的管理者来说，现实的东西依然具有不可低估的作用。 提高员工积极性，可以降低员工对公平的不满度。

4. 改变他们的对比群体

只有当人们将自己的投入和收益与他人的进行比较之后，他们才开始关心公平。 适当利用企业文化灌输和统一员工认识，改变他们的对比群体，转换到一个新的参照群体，减少不公平产生的根源。

5. 尽量在组织内部做到过程的公平

从理论上来说，如果过程公平的话，结果一定是公平的。但实际上并不完全是这样，过程公平，结果不一定公平。 程序公平与分配公平对员工的影响角度不同。 其中分配公平更多地影响员工的满意度，程序公平更多地影响员工对组织的忠诚度和信任度。 所以在执行的管理过程中，过程的公平比结果公平更重要。 从管理角度讲，管理者所应该关注的绝对不仅仅是在结果上，还应关注在过程上怎么样通过政策、制度来解决问题。 只有这样才能将公平理论运用于企业，解决组织中的有效激励问题。

公平是每个员工都希望企业具备的特点之一。 公平可以使员工踏实地工作，使员工相信付出多少就会有多少公平的回报。 公平的企业使员工满意，使员工能够心无杂念地工作。公平是激励的前提，没有了公平，激励只会制造混乱，而不能激发员工的工作激情。 因此，在企业用人的过程中，员工激励不容忽视，而在激励过程中公平同样不可忽视！

为员工描绘共同愿景

没有一个激励人心的目标，就没有激动的理由。目标是企业前进的指路明灯，没有目标的企业必然会迷失方向。同时，目标又是激励员工的利器，任何一个企业，只要拥有明确的目标，便拥有了梦想与希望，就拥有了动力和激情。目标激励着员工前进和进步，管理者所给员工的梦想，就是企业的短、中、长期规划，就是公司未来的美景，就是员工的美好前途。

肯·布兰查德和杰西·斯通尼研究战略和各种企业已经35年多了，他们认为，所有被人知晓的世界级企业都具有下面三个要素。

一是受到高层管理人员拥护和倡导的清晰的愿景和目标。在世界级企业中，每一个企业都对自身要走向何方有清晰的认识。只有企业的管理者知道员工理解了共同的愿景和目标，他们才会主动地提高企业传递这一愿景的能力。

二是教育和训练员工，引导他们集中精力实现一致认同的愿景和目标。训练和装备全体员工，让他们能够按照愿景完成预期目标，从而获得生存。如果企业没有那样做，员工就不会尊重他们的客户。而只有服务好客户以及为员工创造激励的环境，才会为企业带来利润。

三是建立奖赏和绩效系统，支撑实现愿景和目标所需的行为和业绩。愿景和目标开始实施后，员工受过了训练，做好了致力于成功的准备，随之而来的问题是：该如何让这些持续进行下去。世界级企业建立奖赏和绩效系统以推动愿景和目标的实施，这些行为传达了对员工的基本理解：赏识和奖励是普遍需要的。每个员工都想因自己的工作成就得到赏识，并修炼自己，纠正任何不适当的行为。

1. 愿景的含义

愿景是一个越来越多地被使用的词语，然而能正确理解的人并不多。一般认为，愿景指的是员工在工作和生活中所追求的某种目标，这种目标必须具有令人深受感召的力量。而一个真正鼓舞人心的愿景应该包括下面三个要素：

其一，有意义的目的。即：你要干什么？这是一个企业追求利润的根本理由。它回答了"为什么"的问题，而不只是解释你的企业是做什么的。它从客户的角度阐明你的企业实际上是干什么事业的。

其二，未来的美景。即：按照企业生存的目的，你认为将来企业会成为什么样子？这是对企业未来的一种大胆而宏伟的构想。最终结果所描述的画面不应该是模糊不清的，应该是能看得到的。也就是说，尽管它很难实现，但最终是能够实现的。CNN描绘的未来美景是：通过英语和当地语言让地球上的每一个国家都能看得到。未来美景的描述应该聚焦在最终的结果上，而不是达到结果的过程。

其三，清晰的价值观。即：为了实现企业的目标和未来的美景，员工应该怎样去工作？这是企业在不断发展变化中永恒不变的核心，是成为常青企业最重要的因素。价值观指导人们应该怎样去追求目的和实现蓝图。它回答的是"你想要靠什么活着"和"怎样活着"的问题。 价值观需要很清晰地描述出来。 这些价值观必须和行动保持一致,否则,它们只是好的想法。

2. 为什么要有愿景

愿景有助于员工做出明智的选择。 愿景比直接的目标更宏伟。 马丁·路德金的愿景是一个人们相互尊重的世界。 在他"我有一个梦想"的演讲中,描绘了一个他的孩子"不再由皮肤的颜色,而是通过他们的品格修养来加以评判"的美好世界。 他为兄弟情谊、尊重和自由的价值塑造了一个高大和具体的形象。 这一价值观引起了美国社会的共鸣。 他的愿景通过了重要的检验:它持续动员和指导着人们且超越了他的生命时间。 愿景考虑的是长期的主动行动——创造想要的,而不是短期的被动——去除不想要的。

愿景对于管理者来说同样重要,因为领导就是指引企业的方向。 如果你和你的员工不知道你们要去向何方,你的领导不会起什么作用。 特德·布兰查德讲述了一个很好的例子。 他是位将军,他本来可以一直待在军队,并且凭他的品格优点能晋升到上将,但他还是从海军退休了。 他说:"虽然我不想说,但我不得不说我更喜欢战争时期的海军。 不是因为我爱战争,而是在战争中,我们知道目的是什么,我们努力完成什么么。 和平时期海军的问题是没有人知道我们将要干什么。"

没有清晰的愿景,一个企业只是一个自我服务的官僚机构。 高层管理者会认为"只是羊在那里享受牧羊人的利益",所有的金钱、赏识、权力和地位都上移到高层,远离与顾客最近的员工。 领导力只是服务于管理者,而不是企业目的和目标的实现。 一旦愿景阐明和共享后，管理者能够把焦点集中在服务和满足员工的需求上。 最伟大的管理者通过共享的愿景来凝聚和激励员工。

路易斯·格斯特纳就是一个相当好的例子。 当他在 1993 年掌舵 IBM 时，公司正处于混乱和不稳定中，年净损失达到 80 亿美元。 当时他说："IBM 需要的最后一件事是一个愿景。" 1995 年，在计算机行业贸易会展上，格斯特纳致辞，他明白地说出了 IBM 的愿景——网络将推动下一阶段的工业增长，并成为公司的发展战略。 从此，IBM 开始了一系列收获，并以每年 20％的速度增长。 这一非凡的转折表明，一个共享的愿景对于 IBM 来说是何等的重要。

当人们分享和相信企业将会是什么样的愿景时，他们会产生巨大的能量，兴奋，充满激情，这种激励的作用是不可忽视的。 他们会认为自己变得与以往不同。 他们会创造优秀的产品和服务。 他们知道自己做什么以及为什么那样做，彼此也会有一种强烈的相互信任和尊敬的感觉。 管理者不是总想着去控制，而是让所有人都担负职责，因为每个人都知道共同愿景以及自己的目标和方向，每个人都对自己的行为负责，每个人都在管理自己的未来而不是消极地等待事情发生。 这意味着发挥创造性并积极承担风险。

3. 愿景如何发挥作用

制定愿景目的是创造一个每个人都为共同理想而有序工作的企业。 愿景应指导每天的决策，以使员工朝着正确的方向前进。 如果愿景只是藏在被遗忘的文件中，或者只是装裱好钉在墙上作为装饰，那么它是不会起什么作用的。 如果它被用于指导每天的决策，那么它才能发挥作用。

愿景和目标绝不只是管理者的事，一个企业要想实现愿景，全体员工就必须对这个愿景负责。肯·布兰查德认为，为了实现愿景，必须执行职责。所谓执行职责，就是使他人按照企业的愿景去工作，这是愿景建设中最容易让企业陷入困境的地方。

在传统的金字塔式的企业结构中，官僚机构的规则、政策以及程序起着支配作用。员工们不得不努力取悦和回应他们的老板，企业的所有能量都上升聚集到最高层级上，这必然使得层级最底部的员工遭到忽视。那些在一线的员工没有得到任何授权，只能像鸭子一样对顾客叫唤："这就是公司的政策。规则不是我制定的，我只是在这工作。你想要和我的主管谈谈吗？"肯·布兰查德把这称为"鸭子综合征"。他认为，一旦愿景设立，员工就要对它负责，并且开始实施后，传统的金字塔层级结构必须倒过来，让与顾客最近的一线员工处在最高层。这样，员工就能够尽责地对顾客做出正确的回应，管理者所要做的就是服务于员工的需求，培训、辅佐他们按照企业的愿景去工作。如果一线员工真的被当作愿景的主人，他们就会像鹰一样高翔。

一个真实的愿景是有生命的。要把愿景变为现实，重要的是要理解以下三个问题，即：愿景是如何产生的？如何沟通和传达？如何有生命力？

如何产生？愿景固然重要，但创造愿景也一样重要。不能简单地把员工叫到一起提出愿景，然后就宣布，而应鼓励关于愿景的对话交流，允许所有的人来帮助塑造愿景，提出他们有个性的想法。

如何沟通和传达？塑造愿景是一次长途旅行，不是一次性的活动，要尽可能地与员工沟通，让他们参与。不断向员工谈论愿景并强调愿景的作用是相当重要的，因为员工往往有保守思想，甚至有敌意。马克斯·迪皮尔是米勒公司具有传奇色彩的主席。他说，他不得不一遍又一遍地解说公司的愿景，直到员工能够正确地掌握。作为肯·布兰查德公司的精神领袖，肯每天早上通过邮件信息提醒250多名员工"我们的愿景和价值观是什么"。对愿景越关注，它就会变得越清晰，也就会被理解得越深刻。实际上，愿景可能会随着时间改变，但它的本质是保持不变的。

如何有生命力？为了保持愿景的生命力，企业的管理者要注意以下两点。一是始终关注你的愿景。如果在实现愿景的过程中，出现新的情况使得你远离了既定的愿景，那么，设定一个新的愿景要好于挽回旧的。二是展现承担责任的勇气。塑造愿景需要勇气，按照愿景去行动同样需要勇气。按照高易瑞的话来说，"无论你干什么，你可以去做梦，也可以开始去做。胆大出天才，它具有权力和魔力"。在塑造和沟通愿景的过程中，企业的管理者应该尽可能让更多的员工参与。

愿景呼唤企业走向真实的伟大，不仅仅是打败竞争者和扩大规模。一个高尚的愿景清晰地表明了员工的希望和梦想，触及他们的心灵和精神，帮助他们看到做出的贡献。愿景激励员工正确地从事每件事，如果加上有效的执行和绩效考评，就会促使企业按照正确的方向发展。

激发员工的责任心和使命感

有效激励，应先从建立员工的责任心与荣誉感开始。 员工如果有了责任心和荣誉感，就有了使命感，这是一切工作的动力所在。

1．责任心与使命感能激发工作热情

责任心和使命感是一种促使人们采取行动，实现自己理想的心理状态，决定人们行为取向和行为能力的关键因素。

如果认真观察一个人的行为取向，就会发现他的内心赋予自我的责任心和使命感是什么。 而一个企业也可以赋予员工这种责任心与使命感。 譬如：古曼宇航公司通过让员工参与登月计划，找到了自身强烈的使命感和工作热情。 公司的具体做法是通过许多不同的方法向员工解释和强调人类登上月球、征服太空的使命和意义。 这么做的直接成果是让每一个员工对自己的工作又有了重新的认识，工作热情人人提高。

因为有了责任心和使命感，人们就会把更多的注意力集中在所关注的事业之上，然后付诸行动。

而提高员工的责任感和使命感，不仅是战胜挑战、完成使命的经历，也可以使员工的个性特长进一步得到加强，比如领导能力、合作能力、沟通技巧、逻辑思维、赞扬他人以及专心致志地工作的能力等。

具有责任心与使命感的人，首先要有钢铁一般的意志，并且富有极强的探索精神，勇于真心投入；他不是被动地等待着新的使命的来临，而是积极主动地去寻找；他不是被动地去适应新使命的要求，而是主动地去研究、变革所处的环境，尽量做出一些有意义的至关重要的贡献，并从中汲取再一次走向成功的力量。

通用汽车公司的创建人威廉·杜兰特在管理上只知独断专行，从经营计划、规章制度的制定到车间电线的设计安装，事无巨细都由他直接控制，结果公司经常出现战略性失误，贻误了不少大好时机。

后来经过改组，斯隆就任总裁，他创立了一种适合于企业的新的管理体制，即"集中决策、分散经营"的事业部制。

他主张尽可能地把大型公司分成许多组成部门，任命所能找到最有才能的管理人员来负责每个部门，同时建立起协作机制，使各部门之间相互支持。 这样不仅使各个部门在整个企业的共同利益的基础结合起来，而且更重要的是，借助于责任心和事业心来调动起各部门管理人员的才干和开创精神。 这样就能产生人才，并使这些人才发挥他们才能的机会。

作为最高领导层，只负责重大事项的决策和方针政策的制定，以及协调各部门之间的关系，也就是控制全局。 斯隆作为一位经营的"帅才"，发挥了卓越的领导才能。

同样是为了唤起员工的责任心，松下幸之助却巧妙地采取"用人激将法"。

松下幸之助指出，企业员工身上最宝贵的莫过于他们的责任心。 在企业经营中，为了调动员工的积极性，也可以适当地运用激将法。 因为人们普遍具有在困难面前不低头、不认输、不服气的强烈自尊心，利用这种心理，会更有效地唤起员工的聪明才智。

"只要有 60% 的可能，就放手一搏吧！"这是松下幸之助的激励之道。松下幸之助认为，授以难度较高的工作，这样可以加速培养人才。

昭和初年，就职才两年的一名年轻员工奉命以 300 万日元成立金泽分社，当时，松下幸之助鼓励道："你一定可以做到的，天底下没有你做不到的事。试想，战国时代加藤清正和福岛正则等武将，都在 10 岁便闯出天下，明治维新时的志士也尽是年轻人，何况你已过 20 岁，没有你做不到的，不必担心，要有自信。"这些话，正反映了松下幸之助"放手一搏"的期勉之道。

2. 清楚地让员工知道自己的职责

在一个公司中，员工如果对自身的职责没有明确的认识，就会不知所措，难以完成任务。要想让员工对工作内容有清晰的认识，并感到踏实、舒服，就要求管理者布置任务时切记明确。

一次，当莫扎特的歌剧《费加罗的婚礼》首演结束后，奥地利国王来到幕后向他表示祝贺。国王告诉莫扎特说，这部歌剧很精彩，然而音乐太复杂——"音调太多了"。

莫扎特反驳说，使用的音调不多不少，正合需要。

国王坚持说"音调太多"，他武断地建议如果减少一些音调，这部歌剧会变得更加伟大。

莫扎特反问道："陛下，我该减少哪些音调呢？"

国王回答不上来。

的确，如果"指示"含糊不清，或者让接受者不能理解，那么"指示"就毫无意义。事实上，我们每天都在发布一些没有真正意义的指示。我相信每天都有不少管理者在用书面形式或者口头形式向员工传递一些信息，但是他们常常过高估计了这些信息的价值。

比如，我们常常听到这么一条指示："先不去管它。"可是，到底去不去管它呢？管？还是不管？或者把它先放在一边不去碰？总之，一旦你发出这样的指令，你的员工将会感到茫然。长此下去，公司将会因为这些不确定的工作指示而效益下滑，因为你的员工没办法完全领会你的意思，他们不知道该干什么，怎么去干，当然更不可能干好。

想想吧，你平时是否向你的员工发出过类似下面的一些指示：

"这个意见应该引起足够重视。"

"我们应该卖得更多一些。"

"就这么干。"

"你们应该干得更好一些。"

"你们需要做更多的工作。"

"搞懂了你再回来找我。"

"我们要在这次交易中赚许多钱。"

"你们要弄清楚这个人究竟想要什么。"

"竭尽全力，搞好这个项目。"

"我不明白这件事，你给我说明一下。"

……

这些指示有哪些不恰当的地方？我们仔细想想就会发现这些"指示"的错误在于它们不明确，那么，怎样才算是一条明确的工作指示呢？

一条好的指示就像一篇任务说明。它明确说明了特定的目的和原因。如果你叫你的一位员工来你办公室，目的不言自明：你想和他面对面地谈谈。然而，许多日常指示的原因都不十分明确。

例如，你对员工说："竭尽全力搞好这份建议书。"这个指示不会给员工留下深刻的印象，它是一条非常含糊不清的指示，以至于不能促使接受者马上真正行动起来。但如果你在这句话前加上一句："这份建议书是这一年中我们送给最重要客户的最重要文件。"这样一来，你就说明了指示的原因，也许你的员工更明白自己的职责：他必须首先完成这项任务。

你最好再进一步让你的员工明白指示的工作任务何时终止。

一条好的指示不仅促使接受指示者开始行动，而且明确了何时终止行动。比如对某位员工说："这份方案报告需要你再花些工夫。"这就是一条语意不明的指示，因为它没有说明究竟需要花多长时间。从理论上讲，接受指示者可以一直不停地干下去。所以一条清晰的指示应该加上一句："当你将这份方案报告完成后，在获得鲍勃和托德的同意后，再把它交给我看。"

在你的指示中还应该明确执行指示时采取的方式。

你下达的指示应该含有正确的行动手段和程序说明。如果你在公司里说"注意一下这个问题"，员工们不一定总能准确地领会你的意思。 而大多数人更需要你说明他们每一步的工作程序。 比如说，当你叫助手给另外一家公司的一名经理打电话时，你应该详细告诉助手打电话的时间，他要谈的主题和要回避的问题。

奇怪的是，许多管理人员常常忘记或者没有时间说明指示的这些技术性细节。 如果你仅仅告诉某人做某事，却没有告诉他怎么做这件事，结果他没有按照你的想法去做，就毫不奇怪了。

要知道，"我需要它"没有"过一会儿我需要它"表达得清楚，而后者又不如"五点钟以后我需要它"更明确。 最好的指示总是明确地标出了时间。

进一步明确指示执行的程度，则有利于让你的员工知道他应该做到什么程度。 例如，你告诉员工说："我们要在这次交易中多赚些钱"，就会引起疑问："多赚些钱"究竟是多少钱呢？ 如果你没有告诉员工至少是 5 万美元，那么，当他们心满意足地赚回 3 万美元时，你只能责怪自己了。

3. 让员工参与可以培养责任感

关于如何培养员工责任感的问题，有一个好办法，就是让员工参与决策并提出他们的意见。

有一家工厂实行一种独特的管理方式——一日厂长制。 一日厂长像真的厂长一样，拥有处理公务的权力。 当一日厂长对工厂有意见时，会详细地记录在工作日记上，并让各部门员工收阅。 各部门的主管要依据批评意见，随时改进自己的工作。

这个工厂实行一日厂长制后，大部分当过厂长的员工，对工作的热情大为增加，同时，他们对公司经营也多了参与意识，他们的积极性得以极大的发挥。结果，这个工厂的管理收到显著成效，节省生产成本200万美元。厂方把部分获利发给全厂员工，全体员工皆大欢喜。

企业的竞争，从根本上说就是人才的竞争。如果我们合理调整企业内部人才的使用，让员工参与提议，就可以培养他们的责任感，让他们以主动自发的态度投入工作。

正像上面这个例子，这家工厂实行一日厂长制管理，让员工轮流当一日厂长，在激励发挥潜能，克服惰性的同时，让他们每个人都可以了解到工厂的发展情况等，这样，他们在参与企业管理的同时会对自己的工厂产生深厚的感情。

马斯洛曾提出人的需要层次论，即人的正常需要有不同层次，从低级到高级有：生理的需要、安全的需要、社交的需要、尊重的需要、自我实现的需要。自我实现的需要是最高层次的需要。每个人都有潜在的自我实现的渴求。有时候，通过参与管理提议，让员工最大限度地发挥自己的潜能，要比发一个红包更能令他感到快乐。

实行一日厂长制管理，便可以使那些平时绝少有机会参与管理的按钟点上班的人有机会都参与企业的管理，使他们确立自己的价值，满足自我实现的需要，从而为企业尽心竭力，创造价值。

4. 让员工觉得自己是股东

在一条繁华的商业街上，有两家同样卖画的店铺。

两家店铺门对门，要论档次，可以说没有一点差别。两家经营的都是画，并且如果一家有某位画家的作品，另一家必定会想方设法也找到这位画家的作品，所以，不存在作品谁好谁不好。 两家店铺的老板都从摆地摊起家，都是做生意的好手，能力几乎难以分出高低。

但是，两家店铺的生意却相差甚远，一家十分红火，一家十分冷淡。

问题出在哪里？

有位专家研究以后发现问题出在员工身上。

生意好的那家店铺，老板十分尊重员工，视员工为合作伙伴，处处为员工着想，员工心情愉快，工作十分投入，这份投入当然也体现在对客人的服务上面。 每一位进入这家店铺的客人，不管买不买画，都会满意而去。

生意差的那家呢？ 老板对员工就谈不上尊重了，他视员工为打工者，甚至称员工为"下人"，他和员工之间，是纯粹的劳动力买卖关系。 在这样的老板手下工作，自然谈不上愉快，员工们当着老板的面还能认真工作，老板一离开，他们就换了另一副模样，甚至个个板着面孔，客人来了也爱理不理的，时间长了，客人都怕进这家店，因为不愿看店里员工的脸色。

专家的结论是：生意好的店铺，是因为客户满意度高，而客户满意度高的原因是员工满意度高，把店铺当作自己的店铺去经营；生意差的那家，客户满意度低，原因是员工不愿意为公司效力。

顾客是企业的上帝，顾客满意才能为公司带来效益，而员工满意则是客户满意的前提，因为一切工作都得由员工去做。员工不满意，自然不会全身心投入到工作中去，没有全身心地投入工作，顾客又如何能够满意呢？

一名成功的管理者会让他的每一个员工都觉得自己是公司的股东。 为什么？ 因为人们一旦感觉某个东西属于自己，就会悉心照料它，保护它，并心甘情愿地将自己的心血倾注其中。

如果你希望你的员工尽其所能把工作做得最好，如果你希望你的员工成为你最有价值的资产，那么，你应该让他们清楚地感觉到并实实在在地成为企业的股东。

如果你想让你的员工以满腔热情投入工作，就要让他们觉得自己属于这个团队，更好地在工作中寻找自我，最重要的是，就好像他们拥有这个企业。

世界著名的联合航空公司，推出一种名为"人人都是企业家"的新观念，让员工们成为企业的主人。

联合航空公司的每一位员工都是信息流程中的成员，每个人都是主人翁，员工们从来就没有什么"别人什么都不告诉我"的感觉。 你会发现他们手中有许多的规划、设计与战略蓝图构成的花花绿绿的小册子，这些东西不同于那些没用的流于形式的册子，它们是具有决定组织未来发展方向与命运的具体部署。

在公司里甚至是刚来的秘书都知道精密电位是什么。 这并不是他们的工作需要了解的技术，但是他们觉得作为企业的主人就应该充分了解公司的事物。 既然公司是"自己的"，工作是"自己的"，那么他们就理所当然地会全身心地为实现公司的经营目标而努力工作，并自觉为公司的发展承担义务。

主人翁精神不是那种异想天开的空中楼阁，它是建立在员工切实的主人翁责任感的基础之上的。 只有在员工对"当家做主人"有了切实的体会，才会激发出巨大的干劲与热情。

作为企业的经营者，你需要将"主人翁意识"灌输给你的员工，让他们觉得自己是股东，鼓励他们像你一样思考。 这样你就向你的员工传达了一种企业合伙人的感觉，同时向他们表明了，你不仅关心企业的成功，同时也关心公司每一个成员的权利。

当员工觉得自己是企业的主人时，他们就会在工作中充满无限的自豪感。因为他们被视为公司的合伙人，而不仅仅是员工。

世界一流的企业及其经理，为促使他们的工作场所充满企业家思想和所有者氛围，所采取的方式（除通行的利润分享和股票优先权外）之一，就是重新定位其员工。例如星巴克和TD工业公司将他们的员工视为合伙人。又如，著名的起搏器制造商佳腾公司首创了员工所有者这种说法。而LensCrafters公司、马里奥特国际饭店集团、W. L. Gore公司、大众超级市场和美国第一资本金融公司都将他们的员工称为合作人。

作为一名管理者，你还应该让你的员工更好地了解公司的运作情况。一旦员工明白了自己的位置和自己可以为企业做出多大的贡献之后，他们就会富于创造性地开展自己的工作。让员工通过自己的辛勤劳作与聪明才智分享企业的经营成果，主宰自己企业的命运，那他们就会在工作中自发地、自觉地去创造性地劳动。

著名的企业家山姆托伊曾说："若能使员工都有归属之心，这种精神力量将胜于一切。"这句话道出了企业用人成功的奥妙所在。

5. 同员工一起分享荣誉和权力

管理者的成功来源于下属的支持和努力。所以管理者应当学会与员工共同分享成功和荣誉，让他们也拥有成就感。

著名的足球教练保罗·贝尔·布列安曾说："如果有什么事办糟了，那肯定是我做的；如果有什么事做得还算过得去，那是我们一起做的；如果有什么事做得很好，那一定是他们做的。这就是使球队为你赢得足球比赛的所有秘诀。"

作为一名管理者，你是否从这位教练的一番话中得到了什么启示呢？在你获得各种荣誉后，如果以各种形式让员工分享荣誉及荣誉带来的喜悦，会使员工感到实现了自身价值而产生心理满足感。这种满足会使员工在工作过程中释放出更大的能量，也无形中冲淡了人们对受表彰者的嫉妒心理。

某公司公关部主管露西小姐，由于在与日商谈判中大刹了对方的威风，压低了对方所要价格，使公司节支几万美元。总经理决定为露西小姐加薪，同时在其节支经费中给她提成5%。

露西小姐获得加薪，自然没忘和自己一起奋战几昼夜，商讨谈判方案的下属们。她慷慨解囊，请他们周末一起去度假。

这样一来，露西小姐不仅得到上司欣赏，又备受员工爱戴。其实宴请费用不多，却换来了员工一片忠心，今后他们必会全心全力工作。让员工分享你的成就，是对他们最大的激励，也是促使他们再创佳绩的基础。

当上司表扬你时，作为管理者你要不忘举荐员工之中的有功之臣，在上司面前赞扬他们。一句衷心的赞扬，不仅使上司感觉到公司人才比比皆是，也会认为你不居功自傲，懂得体贴员工，无形中，对你又留下了一个好的印象，同时也使你的员工更加拥护你。

在员工面前，要谦虚谨慎，不可张扬。一定要牢记，分享荣誉是对员工的最大激励，是争取更好业绩的一个阶梯。

但是，如果你只奖励那些位于领导阶层的人，或少数"颇有力"的员工，就会导致公司成功的胜算集中在少数人手里，同时会贬低其他成员的价值。 你应该采取一种更公平的方法，在获得荣誉时，要与所有员工共享；在出现问题时，你要勇于为下属承担责任。 因为从被授权管理起，无论获得成功还是遭到失败，你都起着重要的作用，即使是员工的失误，也有你失察、指挥不当、培训不够的责任。 荣誉对你来说，当之无愧，但取得荣誉的过程仍离不开团队的协作、配合。 对于错误，你也不可推卸责任，应该把自己和员工放在同一位置上，这样才能使他们在以后的工作中尽量避免错误，做出更大的业绩。

另外，在与员工分享荣誉的同时，也要与员工一起分享权力，加深员工的主人翁责任感。

一个成功的管理者不但深知而且也身体力行着"权力是可扩张的大饼"这个观念。 他们明白，权力并非一种零售商品，并非当别人拥有比较多时，管理者就变得比较少。 他们知道，当组织成员越是感觉拥有权力和影响力，他们的认同感和对公司的投入程度也就越高。

当你和其他人分享权力时，你应该表现出对他人的高度信任，以及对他人能力的尊敬。 事实上，当人们感觉自己能够影响领导人时，他们的向心力会更强，也会更有效率地贯彻自己的责任，因为他们"拥有"工作。

美国密西根大学社会研究所的阿诺·泰宁布曾对组织权力做了大量系统性的研究。 他的研究涵盖了美国国内及国外各种机构，包括医院、银行、工会、制造厂和保险公司等。 从这些研究中，他得到的一条最重要启示是：人们越是认为自己能够影响、控制组织，则组织的效率和成员的满意度也就越高。 由此可见，分享权力能为整个组织带来高度的凝聚力和良好的业绩。

一个聪明的管理者知道和员工分享权力的重要性，因为这样可以使员工愉快地发挥所有能力，把工作做得更好，而一旦他们享有这种权力，就可以用他们自己的工作方式有效地开展工作。

"他们有这个权力。"这是著名的牛仔服装生产商利维斯公司的信条。

让员工分享你的权力，也就意味着你让自己的员工分担了你的责任，而这能让员工在工作中激发更强大的动力，为你的公司创造更好的业绩。

让员工得到最佳的物质回报

俗话说："金钱不是万能的，没有金钱是万万不能的。"人人都有一些与生俱来的需要，如生存、稳定的收入、被人接受、希望别人尊重自己、渴望成功，等等。在企业中，金钱是员工的最根本的需求之一。要使企业拥有持久的活力，首要的任务就是满足员工的物质需求。

1. 建立个人与团体的奖励计划

如何去奖励员工？最有效的方法是制定一个适用于全体员工的个人奖励计划，让所有员工以这个奖励计划为依据去努力工作。

个人奖励计划是以人作为计算奖金的单位的一种奖励计划，它使员工收入与工作表现直接联系起来。只要员工能超额完成或表现超出预先订制的标准，便可以获得奖金或者额外的报酬。

　　詹姆斯·林肯就是利用对个人的奖励，大大地提高了员工的工作积极性。

　　詹姆斯·林肯是位于克利夫兰地区林肯电子公司的总经理。他认为，人们在工作中的信心、自己克服困难以及勇于面对现实的能力正在消退。按照林肯的观点，为了更好、更恰当地解决这种能力消退问题，就要恢复个人的抱负，激励人们的工作热情。

　　林肯计划的目的是要使员工们的工资和额外收入，成为克利夫兰地区其他公司员工中的佼佼者。林肯计划主要是对个人进行激励，激励的方式并不是简单的奖金发放，而是侧重于使员工积极性得到激发。计划实施后，林肯公司的平均奖金为1.9万美元，有12位员工得到的奖金数额超过了7万美元，而且有一个人的奖金高达10万美元。这些奖金是除去员工年平均工资和其他收益之外的钱，是纯"奖励"的金额。

　　在林肯电子公司中，没有停工，也几乎没有员工离职现象，个人的生产率是整个制造业平均率的5倍，股东获得的股息数在稳定地上升，产品的价格在稳定地下降，而员工的奖金仍保持在高水平上。

　　除了个人奖励计划，管理者还应再制定一套团体奖励计划。因为企业效益提高不仅仅是生产人员的劳动，还凝聚着管理人员和后勤人员的劳动。

　　团体奖励计划可以促进团体内各成员间的合作精神，也可以利用团队压力，防止及减少个别员工的工作标准不合理的情况。

斯坎伦甚至利用团体奖励的办法，挽救了一个即将破产的公司。斯坎伦计划是以约瑟夫·斯坎伦名字命名，他曾是一个钢铁公司的管理人员，后来成为麻省理工学院的学者。斯坎伦本来在拉角钢铁公司任职，当时拉角公司正处于破产的边缘。斯坎伦在与钢铁工人工会的成员协商后，制定了一个工会与管理层合作提高生产率的计划。该计划的出发点在于当生产工人节约了劳动成本时给予奖金，其核心是建议由生产管理部门与工会组成委员会，寻求节省劳动成本的方法和手段。

斯坎伦计划不给提出建议的个人支付报酬，整个计划的首要原则是以团体为目标，强调的是协作与合作而不是竞争，任何个人的建议都能使大家得到好处，在整个范围内付给报酬，鼓励工会与管理层进行协作来降低成本，提高利润。

传统的激励制度是对个人付给报酬，而斯坎伦计划则改变为对团体给予奖励。斯坎伦计划对工人有很大的激励作用，因为它激励了工人在拉角公司这样一个处于破产边缘的企业中保持工作热情；同时该计划还明确地要求工会参与生产委员会，而生产委员会是为解决紧迫的经济问题所设置并开展工作的。按照斯坎伦的观点，这种参与并不是为了造成一种归属的"感情"或参与的"感觉"，而是管理层明确承认工人和工会代表在建议改进工作中能发挥确定性作用。

斯坎伦计划也不是一种利润分享计划，因为它并未规定任何固定的利润提成百分比，也不是以员工所能得到的利润作为基础的。斯坎伦计划使拉角钢铁公司免于破产，这一计划以后还推广到了其他公司。

斯坎伦计划体现了企业中的管理者通过团队关系与报酬相结合的办法，增强团队的凝聚力，从而调动员工的工作热情。

2. 设计和管理好薪酬制度

工资是企业付给员工的合理报酬，它应当是公正的，而且尽可能使员工和企业管理者都感到满意。

报酬的多少首先取决于不受管理者的意愿和员工的价值观支配的环境，如生活费用、人员的余缺情况、一般经营条件、企业的经济地位等。

显然，高的报酬会带来高的满意度。企业为人才提供有竞争力的薪酬，就会使他们感到自己的价值得到了企业的承认，一进企业大门就珍惜这份工作，竭尽全力，把自己的才能全部贡献给企业。一个优秀的公司管理者，应该为公司的员工设计一套好的薪酬制度。

鲁思·布力拉姆桑是波士顿一家超级市场人力资源部的高级副总裁。在一次内部会议上他曾奉劝所有的公司董事，现在竞争非常激烈，争夺人才正成为一场不断升级的战争。他的忠告是："首先在薪酬方面必须与竞争者保持平衡，要更有竞争力。只有做到这一点，才能稳固激励人才的基础。"

如果一个企业的薪酬有竞争力，会让企业员工自觉地保持工作热情和积极性，并且能够增强员工内心的公平感和满意度。

说到薪酬的激励作用，就不得不说麦考密克公司。这个公司成立之初还算顺利，员工收入和企业利润的增长都比较快。但是，公司创始人 W·麦考密克是个性格豪放、带有浓厚江湖义气的经营者，虽然苦心经营了许多年，由于其经营方法逐渐落后于时代，公司渐渐变得不景气，以致陷入裁员、减薪，几乎马上就要倒闭的困境。 此时，W·麦考密克因病去世，公司总裁由C·麦考密克继任，人们希望他能重整旗鼓，恢复公司的元气。

新总裁胸怀壮志，表示不把公司搞好绝不罢休，所以他一上任就向公司的全体员工宣布了一条令人吃惊的、与以前截然不同的措施：自本月起，全体员工薪水每人增加10%，工作时间适当缩短。 并号召大家："本公司生死存亡的重任落在诸位肩上，希望大家同舟共济，协力渡过难关。"

原先要减薪一成，如今反而提薪一成，而且工作时间还要缩短，听了他的话，员工们几乎不相信自己的耳朵，进而对年富力强的新总裁的做法表示由衷的感谢。 从此，全公司士气大振，上至总裁，下至普通员工，共同努力，一年内就扭亏为盈了。

同一个公司，由于新老公司总裁采用了截然不同的措施，取得了完全不同的效果，麦考密克公司从此发展更加迅速。 如今，该公司已成为国际知名的大公司了。

当然，提高企业的工资水准，固然可提高其竞争力与激励作用，但同时不可避免地会导致人才成本的上升，所以员工的薪酬不能无限制地提升。

如何解决矛盾呢？ 那就是在制定薪酬体系的时候还必须考虑到公司的实际支付能力及员工所取得的业绩。

为公司的员工设计一套合理的薪酬制度，除了制度要有竞争力以外，还应该注意到公平。 这里的公平是指：本企业工资水平与其他同类企业工资水平相当；本企业中同类员工工资水平相当；员工工资与其所做贡献相当。

企业职工对工资分配的公平感，也就是对工资发放是否公正的判断与认识，是企业在设计工资制度和进行工资管理时首先需要考虑的因素。

在社会上和人才市场中，企业的工资标准要有吸引力，才足以战胜其他企业，招到所需人才。究竟应将本企业摆在市场价格范围的哪一段，当然要视企业财力、所需人才可获得性的高低等具体条件而定。但要有竞争力，开价至少是不应低于市场平均水准。CA公司是全美第二大软件公司，它的节俭与丰厚为许多人留下了深刻的印象。节俭，是针对CA公司的办公条件而言的；丰厚，是针对CA公司给予员工的工资、福利而言的。

每一个到CA公司参观的人都会对该公司的节俭留下深刻印象。CA公司不作不必要的装饰和花费，总部的白色粉墙极为朴素，未曾购买任何昂贵的艺术品或名画来装饰，只靠着顶灯上罩着的彩色花纸的反射，才使原本单调的色彩有所改变；在CA公司里，大部分家具、办公桌椅都是旧的，有许多是在收购其他公司时一起买过来的。

但是，CA公司总裁王嘉廉在员工薪酬支付上却一点儿也不"节俭"，而是相当优厚。在CA，平均工资比IBM的员工薪金高出三分之一。一名程序设计师的起薪是3万美元，一年后增加双倍的例子也并不罕见。公司内有不少不到30岁的年轻人，在红利之外的薪金已达20万美元。

CA还为员工提供免费早餐。王嘉廉和他的员工们每天早晨都会得到一壶咖啡，一盒甜甜圈，日复一日，年复一年。虽然公司在不断扩大，从几个人发展到八千余人，可是CA公司为员工提供免费早餐的做法从未中断过，并在世界各地的办事处通行。 仅此一项早餐费用，每年花费都要超过 100 多万美元。

海湾战争期间，美国许多大公司的员工被征入伍，按照法律规定，其公司不必为他们支付工资。 但 CA 公司为这些应征入伍的员工照付工资。 王嘉廉说："如果一名员工每年的薪水是 5 万美元，他们已经维持了一定的生活水准，假使他们一下子没有了收入，他们如何支付房子贷款或其他生活费？"像 CA 这样付全薪给入伍员工的公司并不多见。

一套合理的有竞争力的薪酬制度可以提高员工的工作积极性，在关键时刻还可以使公司重新振作，加速发展。

3．选择合适的福利项目

在现代企业中要想最大限度地让员工动起来，光靠薪酬是不够的，还得把福利计划提上日程，为员工们提供更多的和更好的福利措施。

福利，是除了基本薪酬以外的物质保障或其他待遇，如医疗保险、休假、教育培训等。 福利以其多样的形式和丰富的内容满足着员工的各种需要，让员工在工作中后顾无忧。

改善员工福利待遇可以提高员工积极性，一些知名企业的例子就很值得借鉴。

如航空公司为员工提供免费机票，百货商店给员工的供货折扣以及给予员工贷款等。 有些是一时风行的，如数量不一的奖金、弹性工作时间、股票购买权和"自助式"福利计划等。还有一些则标新立异，例如，微软公司任意饮用的免费果汁和汽水、奔捷利公司的免费冰激凌等。

英国最有效率的马士·斯宾塞零售公司认为，"福利"首先是指关心员工的需要和健康。公司的一个董事说："我们照顾关心员工，并不仅仅给予福利。"这就是说，照顾员工是目的，福利是手段，出发点是与员工的关系。

完善福利制度对保持员工队伍的稳定性非常重要，它也是企业人力资源系统是否健全的一个重要标志。福利制度设计得好能给员工带来方便和实惠，良好的保险福利系统一方面能解除员工的后顾之忧，另一方面也能增加员工对企业的满意度和忠诚度。

作为管理者，在制定福利计划时，切不可拘泥于一种方式，而要根据企业和员工的具体情况，设计多种具体方案。

比如：在现有的福利计划之外，再提供其他不同的福利措施供员工选择等。那员工就可以根据自己的需要选定最适合自己的福利方案，充分享受到福利的好处，他们也就会更加积极、努力地工作了。

贝尔公司在经营初期，为当时的外部环境所限，公司福利非常单一，几乎所有人所享受的福利待遇都是一样的。随着公司的发展，贝尔公司在企业福利管理方面日趋成熟，其中重要的一条就是摆脱了原先企业不得已而为之的被动窘境，真正做到了福利跟随战略，公司通过主动设计出别具特色的福利政策，来营建自身的竞争优势。

为了让员工真正融入国际化的社会、把握国际企业的运作方式，贝尔公司的各类技术开发人员、营销人员都有机会前往贝尔设在欧洲的培训基地和开发中心接受多种培训，也有相当人数的员工能留在那些研发中心工作，少数有管理潜质的员工还被公司派往名牌大学深造。

如果一个企业提供各种条件，使员工的知识技能始终保持在国际前沿水平，还有什么比这更能打动员工的心？

除了入职培训、上岗培训、在职培训以外，贝尔还鼓励员工接受继续教育，并为员工负担学习费用。 各种各样的培训项目不但提高了公司对各类专业人士的吸引力，也极大地提高了在职人员的工作满意度和对对公司的忠诚度。 公司还成立了自己的大学，为培训员工奠定基础。

将培训计划融入员工福利计划，可谓是贝尔的一大创新，而另一项卓有成效的计划便是实行弹性福利。

由于贝尔的员工的平均年龄仅为 28 岁。 大部分员工正值成家立业之年，购房置业是他们生活中的首选事项。 在全球房价居高不下的情况下，贝尔及时推出了无息购房贷款的福利项目，为员工们在购房时助一臂之力。 而且在员工工作满规定期限后，此项贷款可以减半偿还。 如此一来既替年轻员工解了燃眉之急，也使为企业服务多年的资深员工得到回报，有力地提升了员工的工作积极性。

当公司了解到部分员工通过其他手段已经解决了住房，有意于消费升级、购置私家轿车时，贝尔又为这部分员工推出购车的无息专项贷款。 并且改变了以前员工无权决定自己福利的状况，给员工一定的选择余地，参与到自身福利的设计中来。如将购房和购车专项贷款额度累加合 ，员工可以自由选择是用于购车还是购房；在交通方面，员工可以自由选择领取津贴，自己解决上下班交通问题，也可以不领津贴，搭乘公司安排的班车。 一旦员工在某种程度上拥有自己的福利形式的发言权，他们工作满意度和对公司的忠诚度都会得到提升。

贝尔就是通过这样的形式，吸引了大量的人才，使公司快速发展壮大，成为一家国际知名的大公司。

目前，公司的福利待遇已经成为社会密切关注的焦点。 关注者既有希望接受这些福利的人，也有希望利用福利吸引、留住人才的企业。

过去，福利数额很小，并不为员工所看重。 但现在不同了。 在许多情况下，福利在一位员工的报酬中已占一半的份额。 这种高比重可归因于对企业福利产生重大影响的趋势：商业环境愈发严峻、工资成本不断提高、劳动力市场流动性加大以及工作价值观的多元化。

如何设计有竞争力的福利方案，已经成为各个公司必须解决的一大难题。 能设计出最合理方案的公司是那些搜集了这方面翔实资料的公司。

现在有一种"自助式"福利政策，即员工可利用企业分配给他们的积分来选择自己的福利。 同时，企业也可以将部分工资年增长转移到养老金和以后的报酬中去。 这项提案是以惠普公司为原型而提出来的。

在人事管理或福利制度上，惠普授权世界各地的分公司，可依当地习俗、文化的不同，制订最适合员工需要的制度。

一般企业除了给员工固定的薪资之外，绝大多数都有福利制度的设计。 福利的内容和名目虽然很多，不过多数企业的福利制度除非特殊情况，都是由企业制定，而且是全体员工一同适用的"标准化福利"。 换句话说，福利的设计并未考虑员工在企业内的成长与阶段性需求的差异性和适用性。 因此，许多福利都是大同小异或有名无实。 这样就使有的员工不能享受到自己希望的福利待遇。

惠普的"自选式员工福利制度"，则将"标准化福利"转为"个性化的福利"。 员工可依年资和薪资算成的点数，在房贷利息补助、健康人生福利津贴、租房津贴、人身保险、参加运动俱乐部、健康检查、旅游津贴、子女教育津贴等项目中，选择最适合自己的福利，而且大部分的项目都可以惠及配偶、儿女，甚至让父母享用。

惠普公司的"自助式福利制度"是出自该公司国际总裁的构想，他说："这不但符合个性化、个人化的需求，也是人性化的管理。"

的确，如此关心员工、重视员工的企业，员工怎会不"乐在工作"，努力扮演好自己的角色呢?

4. 员工持股利益共享

人才对企业的发展有着至关重要的作用，尤其是高级管理人才与科技人才更是如此。那么，如何激励这些高级员工，增强他们对企业的忠诚度，使他们保持长期有效的工作热情呢?

推行员工持股是增强员工对公司责任感的最有效的方法之一。因为只有让员工当老板，员工才能站在老板的角度去思考自己的工作，才能更加有责任感。

从旺星咖啡公司成立的那天起，首席行政官霍华德·舒尔茨就计划制定一个员工持股方案。接着，一个内部的开发小组接受了一项制定股票买卖权方案的任务。该方案不仅使所有的员工更深入地参与公司的事务，也给他们带来了一个真正和公司命运利益攸关的关系。

公司实施了员工持股方案后，允许受雇至少 6 个月并且每周至少工作 20 小时的合伙人才有资格获得股票买卖权。对合伙人个人的奖金额取决于几个因素，包括工资、股份的优惠价格和公司的可获利润率。随着员工持股方案的实施，旺星成了首家对正式员工和临时员工都提供股票买卖权的私人公司。

不只是旺星公司，从许多公司的成功经验中都可以知道，员工持股是促使其忠实履行责任、强化经营管理和提高企业经济效益的有效方法，建立员工持股制度有利于增强员工对公司的责任心。

员工持股后，其个人利益就与公司利益紧密联系在一起，公司获取利益越多，他个人收益也就越大。不仅如此，由于员工的职位越高，其所持股份的数额也越大，他个人利益的收益和风险也越大，责任心也会越强。这种制度对高级员工既是动力，又是压力，但无论是动力还是压力，终归都促使高级员工对企业更加尽心尽责。

被称为人才"金手铐"的股票期权制，正是为了激励员工而出现的一种让员工持股、公司利益与员工共享的方案，它使这些员工的个人利益与企业整体利益结成一体，保证了激励作用的长期性。实施股票期权制，一方面满足了员工的公平感受和当家做主的主人翁精神需要，另一方面增强了"患难与共"的共同体意识，增进了企业的凝聚力。

在这方面，IBM公司的做法很值得参考。IBM向来认为人力资源非常重要，新总裁一上任，就确定一些基本的工作原则和需要优先解决的问题，而他们往往就是从制定或修正员工持股计划开始的。因为他们认为这样能更好地吸引那些高级人才。

IBM亚太区负责总报酬分配与人力成本管理的特伦斯·朗利在一次论坛上演讲时说："2000年，掀起了网络和风险投资浪潮。由于大家公认，IBM是培养人才的好地方，所以许多公司到IBM公司挖人。IBM公司受到了很大的冲击，为此，经过细致调查，开始制定股票期权为主的总报酬计划。"制订含有股票期权的总报酬计划的目的是：

（1）给有出色贡献的人以更高的回报。

（2）用股票期权，为人才积累大量财富。

（3）对员工产生较大吸引力，从而留住人才。

IBM 更关注未来领导者，也会给那些中层经理和专业技术人才以一定的期权。

IBM 不一次授予人才股票期权，比如现在决定给某人 1000 股期权，每股定价 100 美元，执行期 10 年，分 4 年，每年 250 股给予授予人。 第一年后，持有人便有 250 股实现能力，但还有 750 股期权不能动用，如果这时市场股价升至 200 美元，公司对持有人的实现能力控制就是 75000 元，如果持有人这时离开公司，将失去 75000 元的未来收益。 在 IBM，股票期权占总报酬的 30% ~80% 。

第七章
员工培训:塑造精英化人才

　　企业唯一永恒的资源是人,用人就是充分开发人力资源。人才培训与教育是开发与获取人力资源特别是高层次人力资源的基本原动力之一。培训是一种投资,而且是企业最有价值的投资。通过有效的培训开发,企业将会得到源源不断的精英化人才。

企业培训应遵循的原则

随着我国经济市场的不断开放，许多颇具实力的国外企业进军国内市场，许多国内企业的管理者对进入我国的跨国公司在资金、技术、产品上对民族实业带来的压力忧心忡忡，但对人才这一关键性资源的争夺却普遍认识不足。在企业内部，人力资源的开发与管理上存在的问题相当突出。在培训方面，或者将其视为"灵丹妙药"，或者视其为可有可无，这些都是不正确的，科学而又符合实际的培训才是最有效的方式。

企业为了有效地进行员工培训，首先应该对培训进行定向的规范和指导，以保证培训工作达到既定目标，这也是企业对员工培训的原则。企业培训应该遵循以下原则：

1. 战略性原则

员工培训是企业管理的重要一环，必须纳入企业的发展战略之中。因此，企业在组织员工培训时，一定要从企业发展战略的视野去思考培训问题，使员工培训工作构成企业发展战略的重要内容。

20 世纪 60 年代和 70 年代，通用电器公司在几次战略性转变中都把培训作为旗舰。通货膨胀、会计、战略规划和技术管理等课程，都是各领域内重大战略行动的前奏。每一项行动都包括让近 10 万名经理和服务性专业人员接受持续好几天的课程。 高级主管人员都抽出大量时间进行备课并亲自讲课。 惠普公司于 80 年代在生产制造、市场营销和战略规划方面，也曾经成功地采用类似的方法。

2．长期性原则

员工培训需要企业投入大量的人力、物力，这对企业的运营肯定会有或大或小的影响。 有的员工培训项目有立竿见影的效果，有的培训则需要一段时间后才能反映到员工工作绩效或企业经济效益上来，管理人员和员工观念的培训更是如此。 因此，要正确认识智力投资和人才开发的长期性和持续性，抛弃那种急功近利的员工培训态度，坚持员工培训的长期性。

3．按需培训原则

企业从普通员工到最高决策者所从事的工作不同，创造的绩效不同，个人能力所应当达到的工作标准也不相同。 所以，员工培训工作应当充分考虑各自的工作性质、任务和特点，按照员工的工作需要进行有效培训并且要针对员工的不同文化水平、不同的职务、不同的要求以及其他差异，区别对待。

4．实践培训原则

培训不应该仅仅是观念和理论的培训，更重要的还有实践的培训。 培训过程中要创造实践的条件，以实际操作来印证、加深培训的具体内容。 在课堂教学过程中，要有计划地为参训员工提供实践和操作机会，让员工通过实践提高工作能力。

在与实践相结合方面，宜家的培训做得最好，宜家（IKEA）在五大洲的 30 多个国家拥有 170 多家分店。 宜家不喜欢把人放在一间屋子里整齐地坐好听老师讲课，"服务行业本身不适合这种方式的培训，因为涉及产品和顾客，你总不能把产品拆了，把各式各样的顾客拉到这里来做示范吧？"因此，宜家的培训以实践为原则，培训就在员工之间进行，尤其是在新老员工之间，进行经验分享与言传身教。宜家一直认为，更实用也更便利的是公司内部的环境，宜家是一家跨国公司，工作语言是英语，而在和客户打交道的时候，也会经常碰到客户讲英语的情况，在这种现实场景中学习语言可谓得天独厚。

5. 多样性培训原则

企业中不同员工的能力有偏差，而具体的工作分工又不同，因此员工培训要坚持多样性原则。这种多样性原则包括培训方式的多样性，如脱岗培训、在职培训、长期进修等；也包括培训方法的多样性，如请专家讲授、老师示范、教学实习等。

6. 个人与企业共同发展原则

员工通过培训，学习和掌握新知识和技能，提高个人的管理水平，有利于个人职业的发展。作为企业运营的重要组成部分，员工培训也是调动职工工作积极性、改变员工观念、提高企业对员工的凝聚力的一条重要途径。因而有效的员工培训，会使员工和企业共同受益，促进员工和企业共同发展。

摩托罗拉公司就是本着个人与企业共同发展的原则设立了摩托罗拉大学的。摩托罗拉大学不是一个简单的称谓，它所涵盖的内容使这所大学变得独特和神奇起来。摩托罗拉大学是摩托罗拉公司的培训机构，总部在伊利诺伊州，全球有 14 个分校。 每年教育经费约在 1.2 亿美元以上，这不亚于国内名牌大学全年的教育经费投入。 美国政府曾提出，企业用于教育的资金占工资总额的比例不应低于 1.5%，摩托罗拉的比例却高达 3.6%。 摩托罗拉公司是这么计算这笔账的：在 3 年内，每投入 1 美元的培训费就会产生 30 美元的产值。 这只是一个简单的经济账，摩托罗拉大学给企业带来的凝聚力和品牌价值更是无从计算，因为大家都知道，摩托罗拉公司有一个摩托罗拉大学。 1997 年摩托罗拉大学在中国提供了共 27000 学日的培训课程，包括 170 种不同的科目，其中 150 门课是用普通话讲授的。 摩托罗拉要求所有员工每年最少接受 40 小时的职业培训。

7. 全员培训与重点培训结合原则

作为世界最大的餐饮连锁企业，肯德基自进入中国以来，带给中国的不仅是异国风味的美味炸鸡、上万个就业机会，还有全新的国际标准的人员管理和培训系统。

作为劳动密集型产业，肯德基奉行"以人为核心"的人力资本管理机制。 因此，员工是肯德基在世界各地快速发展的关键。 肯德基不断投入资金、人力进行多方面各层次的培训。从餐厅服务员、餐厅经理到公司职能部门的管理人员，这些培训不仅帮助员工提高了工作技能，同时还丰富和完善了员工自身的知识结构和个性发展。

肯德基的内部培训体系分为职能部门专业培训、餐厅员工岗位基础培训，以及餐厅管理技能培训。 肯德基隶属于世界上最大的餐饮集团——百胜全球餐饮集团，中国百胜餐饮集团设有专业职能部门，分别管理着肯德基的市场开发、营建、企划、技术品控、采购、配送物流系统等专业工作。 为配合公司整个系统的运作与发展，中国百胜餐饮集团建立了专门的培训与发展策略。 每位职员进入公司之后要去肯德基餐厅实习 7 天，以了解餐厅营运和公司企业精神的内涵。

职员一旦接受相应的管理工作，公司还开设了传递公司企业文化的培训课程，一方面提高了员工的工作能力，为企业及国家培养了合适的管理人才；另一方面使员工对公司的企业文化也有了深刻的了解，从而实现公司和员工的共同成长。

目前肯德基在中国有大约 5000 名餐厅管理人，针对不同的管理职位，肯德基都配有不同的学习课程，学习与成长的相辅相成，是肯德基管理技能培训的一个特点。 当一名新的见习助理进入餐厅，适合每一阶段发展的全套培训科目就已在等待着他。 最初时他将要学习进入肯德基每一个工作站所需要的基本操作技能、常识以及必要的人际关系的管理技巧和智慧，随着他管理能力的增加和职位的升迁，公司会再次安排不同的培训课程。 当一名普通的餐厅服务人员经过多年的努力成长为管理数家肯德基餐厅的区经理时，他不但要学习领导入门的分区管理手册，同时还要接受公司的高级知识技能培训，并具备获得被送往其他国家接受新观念以开拓思路的资格的机会。 除此之外，这些餐厅管理人员还要不定期地观摩录像资料，进行管理技能考核竞赛等。

从肯德基的培训实例可以看出，根据层次、职业等的不同，在全员培训的基础上，还要强调重点培训，主要是对企业技术中坚、管理骨干，特别是中高级管理人员，培训力度应该加大。

8．反馈与强化培训效果的原则

在培训过程中，要注意对培训效果和结果的强化。 反馈的作用在于巩固学习技能，及时纠正错误和偏差。 反馈的信息越及时、准确，培训的效果就越好。 强化是结合反馈对接受培训人员的奖励和惩罚。 这种强化不仅应在培训结束后马上进行，还应该在培训之后的上岗工作中对培训的效果给予强化。

美国新经济的实践证明，人才的教育培训是最有效的企业投资，不仅可以使企业以极小的投入换来无尽的收益，更为重要的是通过人才的能力提升让他们感觉到自我发展有奔头，有所贡献也有及时补充，从而更加忠实于企业。

设计可行的培训计划

当提及关于制定培训计划时，麦当劳的管理者认为："成功和有效的员工培训和培养计划，不仅提高了企业员工素质，而且满足了员工自我实现的需要，增加了企业凝聚力。"

在进行完备和详尽的培训需求分析之后，要有效地实施培训，就必须制定详细的培训计划。 设计合理的培训计划不仅是训练业务的出发点，也是实施培训的基本依据。 为了有效运用企业或组织资源，如经费、人力、设备等的有利组合，事先拟定完善计划可以控制突发状况的发生与人员调训的困扰，有助于全面切实完成培训工作。

1. 寻求培训计划的依据

培训计划是根据企业的近、中、远期发展目标，对企业员工的培训需求进行预测，并据此制定培训活动方案，使员工能够获得或改进与本职工作密切相关的知识、技能、能力和态度，以便更好地完成本职工作的活动过程。

优秀的培训计划应具备系统性(必须标准化，具备一致性和可靠性)、普遍性（必须能适应不同的工作岗位、不同的员工和不同的培训需要）和有效性（必须是针对工作岗位的、相关的和高效的）。

然而，据调查发现，目前国内真正有系统培训计划的企业还不足50%，在管理方面计划性十分欠缺，这对于培训管理来说是非常不利的。培训计划性不够便会间接地影响到培训的效果，缺乏计划性的培训不仅容易在培训目标上会出现诸多偏差，而且还容易导致资源应用不合理、分布不均匀等后果。

培训计划的制定是一个复杂的系统工程。制定之前有许多需要考虑的因素，这些因素直接影响培训计划的质量和效果。坐落于纽约市中心的大通曼哈顿银行是一个培养和选拔职业商业银行员工的摇篮，它在人事管理和员工培训方面也有不凡之处值得借鉴，在制订培训计划方面，同样具有独特之处。

大通曼哈顿银行设有专门培训机构，人事管理部门下属的1~5个培训处都有足够的人员抓培训工作，主要任务之一就是根据银行领导或董事会的要求，组织员工撰写个人年度培训计划，然后组织落实各种培训工作。如他们的职工教育技能培训可分月进行，趣味性的培训每周两次。这种培训机构完成了银行的各种培训计划。

认真执行年度培训计划是大通曼哈顿银行必做的工作，银行要求全体员工每年要搞一个自我培训计划。 如某员工的自我培训计划：1～2月，对银行内部的基本环境和结构做一次调查。 2～3月，对自身不足之处和对银行的不满之处做一个系统的总结。 3～7月，主要对自己不足之处加以改善。 7～12月，对银行的不足之处提出更好的建议。 银行的培训计划即是在员工提出的新一年培训计划基础上，由总行制定，再由员工选择（如微机、写作、银行新业务等），然后，交员工所在部门审核，最后由培训主管部门汇总实施。

此外，大通曼哈顿银行还设置专门培训机构和专职人员，他们的人事管理部门下属的1～5个培训处都有足够的人员抓培训工作，大通曼哈顿银行的职员培训部门是由83个有经验的培训管理人员组成。 他们的主要任务是为领导提供员工教育的有关信息，如本年度培养的具体人员和对其培训的基本项目，及其培训的结果，对各学员的心理素质的培训上他们尤为重视，每个学员都要在培训部门所设的各种各样的困境中，战胜并超越自我，最后才能真正占有一席之地。 他们还负责银行领导与员工之间的信息交流，培训部定期让员工与银行领导会面，把自己心里的想法和愿望反馈给银行领导，这样直接地沟通了员工与领导之间的思想，并缩短了他们之间的距离，为日后工作的开展起了很重要的作用。 他们还要根据银行领导或董事会的要求，组织员工撰写个人年度培训计划，组织落实各种培训工作，如前文所提的他们的职工教育技能培训可分月进行，趣味性的培训每周两次等。

有些企业同样花了大量的时间和资源，为员工进行培训，却总是不见效果，造成这种情形的主要原因多是培训设计不合理。 例如，某企业的人力资源部费心设计了一套改变企业文化的培训课程，结果员工在接受培训后，却发现公司仍然按照旧制度运行，完全没有重视企业文化这个议题，培训化为乌有。所以，当企业决定为员工提供一项培训时，应该必须依序提出八个问题：

（1）培训真的是答案吗

员工的表现未能达到标准，原因可能很多，例如，员工不知如何执行、没弄清楚事情的优先级、缺乏责任感、不满意公司的奖励等。公司在决定为员工提供某种培训课程之前，应该先自问：问题真的出在培训不够吗？上过培训课程后，员工的表现可能因而改进吗？

（2）公司需要先收集哪些背景资料

一旦公司确定培训课程有其必要性，必须先收集以下相关资料：哪些员工需要参加这项培训？目标受训员工具有什么特质？设计、建立、传达、评估、维持培训课程可能面临的问题为何？等等。

（3）员工究竟需要从培训中获得什么

公司必须知道，当员工完成培训课程时，公司究竟希望他们获得什么，也就是培训的目标。唯有在目标很清楚、正确、完整时，公司才能展开设计培训课程的步骤。

（4）为了让员工获得某种知识、技能和态度，培训课程应该包含哪些内容

针对培训目标详细列出培训主题及课程细项，并且按照内容的先后排列顺序，最后由课程主题专家修改确认。培训计划的内容主要包括培训目的、培训原则、培训需求、培训目标、培训对象、培训内容、培训时间、培训地点、培训方式、培训老师、培训组织人、考评方式、计划变更或调整方式、培训费

预算、签发人等内容。

　　一家合资公司办事处的外籍业务负责人通知本地员工参加一个业务培训。 培训的主讲人是从境外派到这里短期工作的外籍老员工。 培训开始后，本地员工才知道这是一些基本概念的介绍，只要翻开任何一本相关的教科书都可以找到这些内容，这些概念与员工的实际工作有相当距离。 员工坐在那里，不仅耽误了宝贵的时间，而且对公司的信任度也在下降。

　　从上面的实例中可以看出，其一是外籍业务负责人在培训之前，并不知道员工缺乏什么，单凭猜想国内员工需要什么，就让下属去做培训；其二是培训的主讲人非常机械地执行其上司的指令，最终由于猜想的需求与实际需求的偏差，导致培训的失败。

　　当然，培训内容的设计要考虑多方面的因素，银行为让基层工作人员迅速掌握计算机知识及其操作技能，多次举办短期电脑培训班；为了让员工都能写出简明、准确、有用的报告及信件，银行专门举办写作技能培训班。 在写作技能培训班中，有些经过培训一段时间后便能写出思路清晰、语言准确和思想健康的好文章。 员工素质提高了，银行的形象也提高了，这同时也是一种生动的广告技巧。

　　（5）要将这些课程传授给员工，通过何种方法能够达到最高的效率

　　大通曼哈顿银行就是通过把培训与奖惩政策结合的方式来达到最终目标的。 在银行规定表上有这么一条："凡无正当理由且多次拒绝参加培训者，银行予以解雇。"以此来推动全体员工参加培训的积极性。 培训工作需领导身体力行，在大通曼哈顿银行，这对每位领导来说已经是极为普通的事情。 大通曼

171

哈顿银行员工培训的成效与其领导带头参加培训是分不开的。大通曼哈顿银行为了使高级主管了解新的信息，经常对他们进行快速培训，有时还要送到有关大学专门培训。大通曼哈顿银行每年也要抽出一部分时间培训银行领导等各级官员，该行教育工作主管曾把培训工作的主攻方向放在银行领导上。

由于美国政府对银行的管制很多，比如银行拒绝贷款或存款都要向客户说明原因，因此，银行时常针对政府新出台的一些政策和法规相应地搞一些备忘录，同时召开分行业务主管参加总行负责人主持的专题研讨会，以提高领导者的政策水平和经营能力。

（6）如何鼓励员工把培训所学转化到实际工作上

除非培训中的学习所得能够成功运用到工作上，否则培训便失去了意义。在接受培训之前，培训者可以和准备受训的员工一起讨论课程目标，课程与员工个人事业生涯规划的相关性，以及员工学习的动机。培训过后，培训者还可以与受训员工讨论，如何把培训所得落实到员工的工作中。主管可以视情况将落实状况与员工薪资挂钩，以达到激励效果。

通常使企业管理者最头痛的事情，莫过于在培训过程中如何提高员工的学习积极性，而在大通曼哈顿银行的培训处，这种事却被认为是很简单的。大通曼哈顿银行的培训专家们认为，只需让员工有使命感自然会充满干劲。办法是平常教导学员，怎么做才能对企业对国家有所贡献。培训处的学员有了前进的方向和目标，就会竭尽全力工作，企业也不愁培养不出人才了。翻开世界历史便可知道，一项工作如果对社会大众没有什么帮助，往往很难获得成功。大通曼哈顿银行的培训组织让员工渴望通过自己的学习、工作，表达他们贡献社会的心愿，除单纯地为日后高薪收入而努力之外，更增加了一分责任感。

（7）如何评估培训的成效

评估的方法有两种，一种是事前的评估，在培训课程设计完成后，通过部分员工试行等方式，检视培训的品质；另一种是事后的评估，在培训施行后，通过受训者问卷调查等方式，检视培训的品质。

在确定学习目标后，公司应该立刻订定评估策略。例如，员工演示文稿技巧的培训课程，评估的方式是：受训员工在训练前及培训后，分别进行演示文稿，公司将之录像下来做比较。

（8）创造培训的内容时，如何避免老调重弹

设计者必须寻找适合培训课程的最佳文章、书籍等，以引起受训者的兴趣。公司可以寻找现成的培训课程影像，筛选符合的好资料，以节省公司的时间、金钱及精力。这个部分应该是设计培训课程的最后一个步骤，因为只有在对培训全盘了解后，才能有效地选择资料。许多培训课程之所以失败，便是因为本末倒置，在什么都还不清楚的情况下，就投入资源收集资料。

对大多数企业而言，培训的重要性不言而喻，越来越多的企业管理者把培训摆在了企业长远发展的重要位置，在为员工不断"刷新"知识结构的同时，也希望自身的效益得到一定的提高。根据企业性质、规模的不同，可采用的培训形式也不同，制定的培训计划相差很大。但为了达到预期的目标，无论企业自己设计还是委托专家设计的培训课程，也应该遵行以上这八个步骤，以确实掌握公司的培训课程，力求成功达成培训的目标。

2．制定培训计划的要求

（1）系统性原则

人员培训是一个为员工提供思路、信息和技能，帮助他们提高工作效率的过程，人员培训原则的重点就在于通过系统的方法和理论激发员工的全部潜力，并帮助他们把握自己的前途和才能，从而实现企业人员培训的目的。

现代企业是一个投入产出系统，即通过投入一定的资源转化为市场需要的产品和服务。相应地，其管理活动也是个庞大的系统工程，可细分为若干个子系统，比如生产子系统、销售子系统、采购子系统、人力资源子系统等。人员培训是人力资源子系统中一个很小的系统，它从属于人力资源管理的各项活动，同时又与企业的其他经营活动紧密相关，成为实现现代企业战略目标中关键的一环。人员培训不仅为新员工提供上岗指导或者为缺少必备技能的员工提供学习的机会，而且也要着眼企业的未来发展，开发员工的潜能和提高员工的素质，尤其是要提供未来必备技能的培训。

由于人员培训是教育与开发的结合，培训工作才表现为一个系统的、复杂的过程，同时培训工作也是一项长期的、战略性的工作。因此，人员培训的系统性原则主要表现为培训过程的全员性、全方位性和全程性。

日本企业在这方面做得极有特色，对员工职业生涯的培训多具有全程性，大致可分为五个阶段：

第一阶段的培训对象是新进入企业的员工，培训的内容包括本企业的价值观、行为规范、企业精神及有关工作岗位所需的技能。

第二阶段是针对 30 岁左右的员工，主要培训内容包括与工作直接有关的职能，如新技术、新工艺等方面的内容。

第三阶段是针对 35 至 40 岁左右的员工，其培训内容包括有关管理知识技能、人际关系协调、工作协调能力、决策能力和领导组织能力。

第四阶段是 45 至 50 岁左右的员工，主要培训内容包括知识技术的更新和管理、技能方面的提高等。

第五阶段是 50 岁以上的员工，面临退休，需要学习一下退休以后的生活安排，如培养业余爱好、休闲保健等。

日本员工在员工培训和开发中的不同阶段的不同侧重点体现了日本的文化传统及其实际情况，具有符合日本国情的特征，值得学习。

（2）理论与实践相结合的原则

理论与实践相结合是指根据生产经营的实际情况和受训者的特点开展培训工作，既讲授专业技能知识和一般原理，提高受训者的理论水平和认识能力，又解决企业发展中存在的实际问题。

培训的根本目的是为了提高广大员工在生产中解决具体问题的能力，从而提高企业的效益。不能解决任何问题的培训只能是浪费时间和精力，使企业领导和员工对培训工作感到失望和不满，失去了继续接受培训的兴趣和愿望，有可能导致培训工作的最后流产。

理论与实践相结合的原则决定培训时要积极发挥学员的主动性，强调学员的参与和合作，培训方式要以体验性的操练为主，比如案例分析、角色扮演等，让学员在实践中充分理解理论的内涵和实质，反过来加深对理论的理解与吸收。

（3）培训与提高相结合的原则

全员培训就是有计划、有步骤地对在职的各级各类人员都进行培训，这是提高员工素质的必由之路。但全面并不等于平均使用力量，仍然要有重点，即重点培训技术、管理骨干，特别是培训中上层管理人员。

企业家柯尼希根据许多德国企业的经验指出："由于企业中领导人员的进修与培训太重要了，所以应由企业实行谨慎计划并监督其实现。"对于年纪较轻，素质较好，有培养前途的第二、第三梯队干部，更应该有计划地进行培训。

在个人成长环境中，组织和个人的因素都是相当重要的。一个良好的组织培训，能促进员工学习的积极性，并切实提高员工的知识技能，帮助员工解决工作中的难题。在知识经济时代，强调更多的是实现自我管理和自我提高。通过实行自我管理，唤起员工的主体意识和自我意识，使员工能对自己的能力以及思想行为表现有一个客观而清醒的认识，并能与社会规范、企业要求相对照，在自我评价和自我反省的基础上，强调或修正自己的行为方式，从而找到一个既合乎企业发展又有利于自身全面发展的途径。在实现自我管理、进行自我提高时，组织培训的角色更似催化剂，能改善环境，提供动力和支持。因此，在培训中一方面要强调正规的组织培训，同时要强调自我管理和自我提高，以真正达到满意的培训效果。

（4）人格素质培训与专业素质培训相结合的原则

在人员培训过程中，人们往往注重专业知识技能的培训，而忽视人格素质培训，因为知识技能的提高，可以显著改善工作绩效，提高工作效率。而人格素质的提高带给人和组织的转变开始往往是无形的，真正显现效果需要花费比较长的时间，刚开始人们看不出对绩效的改进有什么直接的联系。事实上这只是由于人们往往容易被表面形式所迷惑，并未仔细探察其中的究竟。

在培训中应将人格素质的训练融入知识技能的学习中，而不是与现实脱节，成为一种形式主义。 当然，培训不能解决所有的态度问题，更多的是在平时经营管理时渗透。 培训可以激发员工的动力，但动力的持续和发挥就只能靠管理，否则得来的态度就来得快也去得快，员工会更加消极更加失望。

（5）人员培训与企业战略和文化相适应的原则

人员培训必须面向企业，培训作为人力资源管理工作的重要组成部分，其首要任务是满足企业发展的需要。 企业制定培训计划应本着服务于企业总体经营战略的原则，应该有助于优秀企业文化的塑造和形成，应该有助于企业管理工作的有序和优化，还要注意培训必须面向市场。

面对日益激烈的市场竞争，以顾客需要为宗旨的市场观念已深入人心。 大部分企业的管理者已经清楚地意识到，企业成功须以市场为基础，企业的所有经营管理活动都必须面向市场，围绕满足顾客需要展开工作，培训工作自然也不例外。 人员培训工作该如何面向市场呢？

首先，价值观培训要体现满足顾客需要的宗旨。 在培训中让员工体会到：不为顾客着想就意味着企业失去了存在的基础；不从顾客需要出发企业就失去了获利的源泉；不能为顾客提供最满意服务的企业在竞争中就处于劣势。 事实上，这种经营理念的培训并不是抽象的、空洞的，而是实实在在贯穿于培训内容之中的。 例如在员工学习如何准时向顾客提供满意的产品时，就已经考虑到"满足顾客需要是第一"的思想。 同样，学习"通过协同配合提高满意度"时，也从另一个侧面反映了满足顾客需要的重要性。

其次，内容设置要体现满足顾客需要的宗旨。 提供满意的产品、优质的服务是争取顾客的重要因素，因此提供客户服务方面的培训是相当重要的。

要将顾客放在第一位，就必须对员工进行客户服务培训。美国的 Alamo 汽车出租公司的客户服务培训就是以顾客为服务需要，专门设立了"最好的朋友"培训计划。 从 20 世纪 90 年代初开始实施的这项计划投资数百万美元，向新员工介绍公司客户服务政策，同时向公司所有的员工进行再培训，灌输优秀的客户服务方法。

计划实施的初期成果表明这个培训计划是成功的。 结果表明，销售投诉率比该计划实施前一年下降 15%，对员工态度粗暴的投诉率比该计划实施前下降了 50%，公司的业务交易在一年中增长了 30%。

第三，培训方式市场化。 一般企业为节省成本，培训工作基本上都是在企业内完成。 实际上有时由企业内部举办的培训班的费用也是很高的，倒不如直接利用外部提供的课程。 在选择培训方式时，如果效果是一样的，那么就要比较到底运用企业内部资源合算，还是外界购买合算。

（6）人员培训必须面向时代

人员培训工作必须紧跟时代的步伐，为员工提供最先进咨询的培训和学习，掌握时代发展最前沿的知识和管理。 在传统教育体制下，学习者习惯于接受别人给予的，不愿意也不知道如何开发自己实际上已经具备的。 实际上，在培训过程中，受训者应该在培训师的引导下进行"主动学习"，通过体验来"悟"，而不是被"教"。

例如面对平时工作压力大、知识密集型的高科技企业，组织员工到野外参加拓展式培训，既可以让员工在紧张的工作之余享受一番野外清新的阳光和空气，又可以利用这种拓展训练的培训方式加强了员工之间的沟通与合作。

拓展训练，又称"外展训练"，意思是一艘小船离开安全的港湾，驶向勇敢的探险旅程，去接受一个个挑战，战胜一个个困难。这种训练起源于 20 世纪 40 年代的英国。当时，许多英国军舰在遭到德国潜艇袭击后沉没了，大批水兵因此丧生，但总有少数人能在灾难中幸存下来。后来人们发现，这些幸存者并不是体能最好的人，而是求生意志最强的人。他们顽强抗争，坚持到最后。正因如此，他们终于等到了获救的那一刻。

拓展训练的独特创意和训练方式已逐渐被推广，训练对象非常广泛，训练目标由单纯的体能、生存训练扩展到心理训练、人格训练、管理训练等。拓展训练主要是利用崇山峻岭、瀚海大川等自然环境，通过各种精心设计的活动，在解决问题、接受挑战的过程中，使培训人员达到"磨炼意志、陶冶情操、完善人格、熔炼团队"的目的，是一种现代人和现代组织全新的学习方法。

拓展训练的课程主要由水上、野外和场地三类课程组成。水上课程包括：游泳、跳水、扎筏、划艇等；野外课程包括：远足露营、登山攀岩、野外定向、伞翼滑翔、户外生存技能等；场地课程是在专门的训练场地上，利用各种训练设施，如高架绳网等，开展各种团队组合课程及攀岩、跳越等心理训练活动。

随着体验经济时代的到来，如拓展训练这类体验式培训也开始风靡全球。 体验式培训在青山绿水之间进行,通过野外拓展培训,加强员工与企业的沟通与信任,营造良好的团队氛围,挖掘员工潜力,熔炼团队精神,增强企业核心竞争力。

以上几个原则是企业在制定培训计划时应注意的要求,也是为了提高企业管理和员工技能的前提。

确定培训思路的类型

做好培训工作首先要确定好培训的思路,企业管理者可根据本企业的具体情况选择培训思路,培训思路大体分为补课型、推进型、超前型三种。

1. 补课型

一旦企业经营不顺利,或者企业管理者及广大员工开始认识到自身技术、能力、素质等已经不能适应不断变化的发展要求时,员工开始要求能够得到进一步的学习和提高的机会,以提高自己的能力,改变这种劣势情况。 基于这种情况的设计思路就是补课型。

补课型设计思路在培训中应用得较多,有的企业在遇到危机时立即组织人力、物力、财力对员工进行相关知识和技能的培训,取得了很好的效果,例如下面的这家化妆品公司。

某化妆品销售公司,对新招进来的员工没有进行任何有关企业历史、企业文化、竞争对手、产品特性、沟通技巧等方面的培训，就让市场销售人员直接进入市场开拓业务，结果很糟糕。 一段时间之后，公司开始注意到销售量大幅度的下降，市场份额在逐步地丧失，而且原有的很大一部分客户也慢慢地流失，公司高层感觉事态比较严重，开始着手调查并希望能够得到一个明确的答案。

刚开始公司还以为是自己的产品质量出了问题，但结果却显示是他们新招聘来的市场业务人员对公司业务、公司产品不熟悉以及缺乏沟通技巧造成的。 在这种情况下，公司就聘请了一家专业培训公司，对这部分员工及公司其他成员进行有针对性的培训，虽然有点滞后，但还是让公司转危为安。

通过这家公司的案例分析，可以归纳出补课型的培训设计有以下几个特点：

首先，重视培训设计。 企业要想做好切实可行又能够为企业带来明显效益的培训设计，首先必须从根本上重视培训设计，不要仅仅将培训看成可有可无的事情。 一个好的年度培训设计绝不会只是一些培训课程的组合，让人抓不着重心或感受不到与企业绩效的关联性；而一个差劲的年度培训设计往往只会浪费大量的资源，却得不到任何效果。 只有从思想上重视培训设计，才能够正确对待培训设计，也才能够制定出行之有效的培训设计。

其次，要将整个培训落实到相关部门。 提供必要的人力和组织保障是做好培训设计的重要前提。 培训设计的制定和实施，关键是落实负责人或负责单位。 要建立责任制，明确分工。 负责培训设计工作的人一定要有相当的工作经验和工作热情，要有能力让领导批准培训设计和培训预算，要善于协调与生产部门和其他职能部门的关系，以确保培训设计的实施。

第三，善于营造培训的良好氛围。 作为培训设计者，应该善于营造培训的良好氛围。 营造培训的良好氛围可以实现以下目标：让企业高层重视培训，并能够使培训预算顺利通过；能够吸引广大员工的参与并激发他们的热情；提高培训在全企业中的满意度。

2．推进型

很多企业管理者已经开始认识到培训给企业的发展所带来的好处，所以主动在项目开展之前对自己的员工和中高层管理者进行培训。 主要向员工传授技术技能，传授工作程序，传授专业和人际交往技能。

对培训持"推进型"观点的企业，通常情况下就是什么时候需要就什么时候进行培训，很少考虑时间是否方便或培训费用的问题，相反他们更看重的是进行什么样的培训，培训之后能够给企业带来多大的利益。

3．超前型

现在，很多国际性的大公司、跨国企业开始站在战略的高度审视企业对员工的培训问题。 一般来说，这种公司一个显著的特点就是提出"成功战略，培训领先"的口号，把培训当成是一种投资。

SONY 公司在做员工培训计划方面就走了超前型的思路，本着"走在前面"的原则进行员工的培训。

SONY 公司在培训员工上强调的"走在前面"的培训模式，主要表现在让每位新上任的中方职员接受"角色转化"课程的专项培训，使新员工从一名"超级销售员"向"职业经理人"过渡。 人事、财务、传媒公关、物流、法务甚至总务部门都会派出专业人员集中为他们作相关业务指导，使其全面提高，以具备作为一名"指挥员"所应有的各项素质。

为了便于各地业务经验的交流，以及提高职员的综合业务水平，SONY 公司为此建立了有效的流动机制，通过不同城市间员工的调动和不同业务间的轮换，好的工作经验被推广到其他城市，一批批精通多项业务的员工也随之成长起来。

与许多新业务的开展一样，远在新的分公司或办事处成立半年之前，公司的业务部门领导与人事部门已经开始了对外派人员的培训工作。 通过岗位的调动或是临时性派往相关地区工作，使候选人得以有机会全面接触未来所要担负的业务以及责任。 同时，人事部门制定出相应的培训计划，使其能从理论上达到一定的业务水平和管理水平。

这种"走在前面"的培训不仅对企业来说是必要的，对中方职员的个人发展也奠定了很好的基础。 SONY 在短短的三年时间内，由北京一个城市迅速扩展到全中国，现在已分别在二十多个城市设立了分公司或办事处，产品销售与服务覆盖了几乎全部的大中城市和部分小城市。 在这么短的时间内，SONY公司正是依靠了有力的培训方式，使众多中方职员迅速成长起来，担负起大部分地区负责人的要职，成为公司经营管理的中坚力量。

在互联网盛行的今天，超前型的设计思路还可以充分利用互联网技术。 电子学习（E-Learning）就是一个很好的解决方案：让不同知识背景和工作经验的员工统一在相对一致的知识和技能的层面，在各自的工作岗位发挥，从而使企业内部更容易形成一种健康向上的、统一的企业文化，增强企业自身的凝聚力。 同时，电子学习还可以大大降低了培训成本，使全员培训成为现实；网络随时随地学习的特点，使电子学习内容能在很短时间内传递给分布在各地的员工，有利于企业创建"学习氛围"，并保持内容的持续性和一致性；而电子学习的内容还能够及时更新，以适应瞬息万变的市场环境，这些优势都为创建学习型企业打下了良好基础。 很多企业已经建立起了自己的电子学习系统，并且取得了巨大成功。 美林证券在这方面就是一个典例。

美林证券在全世界有 20000 多名财务顾问和客户经理，每年新雇用 3000 名财务顾问和客户经理。 虽然美林在全世界有一个培训中心，但培训中心在短时间内无法实现对这 3000 名新员工的培训；何况随着经济的发展，美林不断在推出新产品，顾问也不断地提出新的培训需求，怎样让分布于全球的员工及时了解公司的最新变化和最新产品？ 在信息时代，互联网做到了以往不可能做到的事情，帮助公司跟上网络时代的发展。

做好培训效果评估

企业的一切活动都离不开经济目标。 培训作为企业的一项经济活动，它的经济特征比学校教育浓厚得多，因此企业评估培训效果、核算经济效益的要求非常正常。 评估培训效果，对于重视培训工作、投入较多的企业而言，显得尤为重要。

在企业中由于员工的复杂性，以及部分培训效果的滞后性，想要客观、科学地衡量培训效果非常困难，所以，培训效果评估也是培训系统中最难实现的一个环节。

对于如何看待人员的训练和发展，麦当劳创始人雷克罗克先生说了两句话，第一句是："不管我们走到哪里，我们都应该带上我们的智能，并且不断给智能投资。"所以早在 1976 年，麦当劳的创始人就已经决心要在人员的发展上做出很大的投资。另一句话是："钱跟智能是不一样的，你可以赚到钱，但是你想随处去抓到智能却是不可能的，所以必须花心思去发展。"

麦当劳的员工培训是真实地反映在工作之中的，它不只是把培训当作一个课程。它强调对人员策略的重视，主动地执行训练计划，并且把麦当劳的培训和人员自我的梦想期望结合在一起。再者就是，在培训课程中，有一堂课叫作"与成功有约"，目的是让受训者有机会分享成功经验，帮助受训者成长。

在企业的培训中，评估培训的结果与企业的成果有没有结合，是一个关键。麦当劳有很好的培训需求分析，针对需要培训的内容去设计，同时评估培训的成果是不是能够达到组织的需要。

麦当劳很努力去完成"反应、知识、行为、绩效"等层次的评估。

第一个"反应"，就是在培训结束后，大家对于课程的反应是什么，例如评估表就是收集反应的一种评估方法，可以借由大家的反应调整以符合学员的需求。

第二就是培训师的评估，每一位培训师的引导技巧，都会影响受训者的学习，所以在每一次课程结束后，都会针对培训师的讲解技巧来做评估。 在知识方面，在接受培训前要参加考试，培训进行中也会有考试，主要想测试受训者通过这些方式，究竟保留了多少知识，以了解培训的内容是否符合组织所要传递的。 除此之外，还要非常重视受训者的参与，会把受训者的参与度，量化为一个评估方法，因为当受训者提出他的学习，或者是和大家互动分享时，可以知道他的知识程度，并且有利于及时调整每天的培训课程，以符合培训的需求。

第三是"行为"，在培训中学到的东西，能不能在回到工作以后，改变员工的行为，达到更好的绩效。 在麦当劳有一个双向的调查，培训前会先针对受训者的职能做一些评估，再请他的上司或直属主管做一个评估，然后经过三个月的培训之后，再做一次评估；因为受训者必须回去应用他所学的，所以麦当劳会把员工职能行为前后的改变做一个比较，来评估培训的成果。

由此可见，麦当劳在对人员的训练方面非常到位，这也是现在一般企业比较少做到的，因为它所花的成本较大，而且分析起来也比较困难，所以很多企业都没有做到，而麦当劳的培训却很注重这个部分。

第四，在"绩效"方面，员工培训后行动计划的执行成果和绩效有一定的关系，每一次培训完，麦当劳的员工都必须设定出他的行动计划，回去之后必须执行，执行之后会由他的主管来为他做鉴定，以确保训练与绩效结合。

1. 培训评估方法

目前，国内外运用得最为广泛的培训评估方法，以及具体企业的实践经验，有以下几种。

（1）目标评价法

通常情况下，企业系统化的培训都是由确定培训需求与目标、编制培训预算及计划、监控以及效果评估等部分组成。它们之间并不是割裂的，而是相互联系、相互影响。好的培训目标计划与培训效果评估密不可分。目标评价法要求企业在制定的培训计划中，将受训人员完成培训计划后应学到的知识、技能、应改进的工作态度及行为、应达到的工作绩效标准等目标列入其中。培训课程结束后，企业应将受训者的测试成绩和实际工作表现与既定培训目标相比较，得出培训效果。作为衡量培训效果的根本依据，企业应制定出具有确切性、可检验性和可衡量性的培训目标。

目标评价法操作成功的关键在于确定培训目标。企业通常有两种方法确定培训目标：一是任务分析法。企业的培训部门可以设计出任务分析表，详细列明有关工作任务和工作技能信息，包括主要子任务、各任务的频率和绩效标准、完成任务所必需的知识和技能等。二是绩效分析法。这种方法必须与绩效考核相结合，确定标准绩效。

（2）绩效评价法

绩效评价法是由绩效分析法衍生而来的，它主要被用于评估受训者行为的改善和绩效的提高。绩效评价法要求企业建立系统而完整的绩效考核体系。在这个体系中，要有受训者培训前的绩效记录。在培训结束3个月或半年后，对受训者再进行绩效考核时，只有对照以前的绩效记录，企业才能明确地看出培训效果。

绩效考核一般包括目标考核和过程考核。目标考核是绩效考核的核心。 目标可以分为定量目标和定性目标。 管理者在选取目标时，应注意选取能体现岗位职责的指标，目标达到了，基本上就履行了岗位职责。

过程考核是绩效考核的另一个重要内容。 过程是绩效的保证，没有好的过程就不可能有好的结果。 过程考核能反映员工的工作现状，它通常包括考勤、服务态度、工作饱满程度等指标。将目标考核与过程考核结合起来，就能够反映一个岗位的绩效。

（3）关键人物评价法

所谓的关键人物是指与受训者在工作上接触较为密切的人，可以是他的上级、同事，也可以是他的下级或者顾客等。有研究发现，在这些关键人物中，同级最熟悉受训者的工作状况，因此，可采用同级评价法，向受训者的同级了解其培训后的改变。 这样的调查通常很容易操作，可行性强，能够提供很多有用信息。

同其他培训效果评估方法一样，同级评价法也有缺陷，尽管同级间相互很了解，但由于存在竞争，有时会导致评估结果失真。 而让上级来评估培训效果同样避免不了局限性，因为有的上级不太了解全面情况，或者会主观臆断。 因此，学者设计了一种360度的评价法，由上级、下级、顾客、同事，甚至培训管理者等从不同角度来评估受训者的变化，这种方法对了解工作态度或受训者培训后行为的改变比较有效。

（4）测试比较评价法

无论是国内还是国外的学者，都将员工通过培训学到的知识、原理和技能作为企业培训的效果。 测试比较法是衡量员工知识掌握程度的有效方法。 实践中，企业会经常采用测试法评估培训效果，但效果并不理想，原因在于，没有加入任何参照物，只是进行简单的测试。而有效的测试法应该是具有对比性的测试比较评价法。

测试比较评价法有多种不同方案。其中，事前、事后测试法，主要是在参加培训前后，对受训者分别进行内容相同或相近的测试。这样可以体现出被测者受训前后的差别。但这也不乏缺陷——不能体现参加培训与未参加培训的员工间的差别。为克服这一缺点，企业可以将参加培训的员工组成培训组，另外再挑选一组与培训组素质相近、未参加培训的员工组成对照组，分别对这两组员工进行测试。

针对培训具有滞后效果的特性，测试比较评价法还提供了时间序列方案，即在培训后定期做几次测试，以准确分析培训效果的转移程度。

（5）收益评价法

企业的经济性特征迫使企业必须关注培训的成本和收益。培训收益评价法就是从经济角度综合评价培训项目的好坏，计算出培训为企业带来的经济收益。

有的培训项目能直接计算其经济收益，尤其是操作性和技能性强的培训项目。但是并不是所有的培训项目都可以直接计算出它的收益。

上述 5 种综合性培训评估方法，一般可以多种方法联合使用。企业在操作中，可以采用一些常用的工具，如问卷调查、座谈会、面谈、观察等，取得相关数据。取得数据后，再将两组或多组不同的数据进行分析比较。

培训效果的评估是很复杂的管理活动，因此，企业需要视不同情况，选择合适的方法，才能得到真实、客观的评估结果。

2. 培训效果评估程序

培训评估是培训活动长期有效开展的重要保证措施，而遵循良好的评估流程也是有效进行培训评估的重要保证措施。 虽然在具体的培训评估中，不同的评估目标、内容有着各不相同的评估操作方式及程序，其评估步骤也有繁有简，但其一些基本的程序还是比较一致的。 一般说来，有效的培训评估应该包括如下基本步骤：

（1）培训需求分析

进行培训需求分析是培训项目设计的第一步，也是培训评估的第一步。 如果说对没有充分需求分析的培训项目进行评估，那么评估的结果多半是令人失望的。 对许多的管理层来说，培训工作"既重要又茫然"，根本的问题在于企业对自身的培训需求不明确但又意识到培训的重要性。

（2）界定评估目的

在培训项目实施之前，管理者就必须把培训评估的目的明确下来。 多数情况下，培训评估的实施有助于对培训项目的前景做出决定，对培训系统的某些部分进行修订，或是对培训项目进行整体修改，使其更加符合企业的需要。 例如，培训材料是否体现企业的价值观念，培训师能否完整地将知识和信息传递给受训人员等。 重要的是，培训评估的目的将影响数据收集的方法和所要收集的数据类型。

（3）评估需要培训前的准备

有效培训是多方积极参加的结果，有效的培训评估主要参加对象有：企业领导、培训主管、受训员工、培训讲师、培训机构等。 培训主管要想充分有效地开展培训评估活动，那么最好能够对受训部门和受训员工进行培训前的准备。

例如，在参加培训前，申请者应该知道自己希望从培训计划中获得什么？ 写出一个简单的期望并列出参加培训会对工作带来的好处，受训者可以根据这些期望目标有的放矢地参加培训。 让所有受训员工知道参加培训并不仅是坐在教室里傻呆呆地听讲，而应该带着一些问题和设定一些目标，利用课堂内外的各种机会，积极地跟讲师和其他学员主动交流。

这样一来，不仅能够剔除一些不切实际的培训申请，而且也能在较大程度上保证培训的质量，从而让培训工作为企业创造更多价值，也能够让培训评估有效地开展。

（4）选定评估对象

显而易见，培训的最终目的就是为企业创造价值。 由于培训的需求呈增长的趋势，因而实施培训的直接费用和间接费用也在持续攀升，因此不一定在所有的培训结束后，都要进行评估。 我们认为主要应针对下列情况进行评估。

新开发的课程：应着重于培训需求、课程设计、应用效果等方面。

新教员的课程：应着重于教学方法、质量等综合能力方面。

新的培训方式：应着重于课程组织、教材、课程设计、应用效果等方面。

外请培训企业进行的培训：应着重于课程设计、成本核算、应用效果等方面。

出现问题和投诉的培训：针对投诉的问题。

选定评估对象，我们才可以有效地针对这些具体的评估对象开发有效的问卷、考试题、访谈提纲等。

（5）全面考虑评估活动

在进行评估前，管理者应该全面筹划评估活动，一般来说，在开展培训评估前还应综合考虑下面几个问题：

①从时间和工作负荷量上考虑是否值得进行评估？

②评估的目的是什么？

③重点对培训的哪些方面进行评估？

④谁将主持和参与评估？

⑤如何获得、收集、分析评估的数据和意见？

⑥以什么方式呈报评估结果？

（6）完善培训评估数据库

进行培训评估之前，管理者必须将培训前后发生的数据收集齐备，因为培训数据是培训评估的对象，尤其是在进行培训评估过程中必须要参考这些数据。培训的数据按照能否用数字衡量的标准可以分为两类：硬数据和软数据。硬数据是对改进情况的主要衡量标准，以比例的形式出现，是一些易于收集的无可争辩的事实，这是最需要收集的理想数据。硬数据可以分为四大类：产出、质量、成本和时间，几乎在所有组织机构中这四类都是具有代表性的业绩衡量标准。有时候很难找到硬数据，这时，软数据在评估人力资源开发培训项目时就很有意义。常用的软数据类型可以归纳为六大类：工作习惯、氛围、新技能、发展、满意度和主动性。

例如，企业在进行评估时就需要一些硬性数据。假如财务部每天平均有 700 万美元的应收款，那么就可以为他们开设一门课程，教他们如何更有效地追讨欠款。培训评估只要查看一下每天的应收款项是否下降就可以了。由于改善员工工作表现的责任落在经理们身上，他们就需要培训部建立一套适合的评估系统，以衡量手下员工的工作表现是否有所提高。因此，对这些评估感兴趣的不应该只是培训部门。

（7）选择评估衡量方法

在决定对培训进行评估后，评估工作在培训进行中就可以开始了。 这时候采取的方法主要是培训主管部门或有关部门管理人员亲临课堂听课，现场观察学员的反应、培训场所的气氛和培训师的讲解组织水平。 虽然这样可以获得一手材料和信息，但因培训还未结束，除非特别要注意的重大培训项目，为获得完整数据，一般在培训结束后才开始进行评估。

评估内容主要包括对培训课程本身的评估和对培训效果的评估。 按评估的时间分为培训结束时进行的评估和受训者回到工作中一段时间后的评估。 评估的方式有评估调查表填写、评估访谈、案例研究等。

需要说明的是，评估是为了改进培训质量、增强培训效果、降低培训成本。 针对评估结果，重要的是要采取相应的纠偏措施并不断跟踪，而不是评过就完事了。

（8）统计分析评估原始资料

管理者对前期的培训评估调查表和培训结果调查表进行统计和分析。 将收集到的问卷、访谈资料等进行统计分析整理合并，同时得出相关结论。

（9）撰写培训评估报告

管理者在分析以上调查表之后，再结合学员的结业考核成绩，对此次培训项目给出公正合理的评估报告。

（10）调整培训项目

基于对收集到的信息进行认真分析，管理者就可以有针对性地调整培训项目。 如果培训项目没有什么效果或是存在问题，管理者就要对该项目进行调整或考虑取消该项目。 如果评估结果表明，培训项目的某些部分不够有效，例如，内容不适当、授课方式不适当、对工作没有足够的影响或受训人员本身缺乏积极性等，管理者就可以有针对性地考虑对这些部分进行重新设计或调整。

（11）沟通培训项目结果

有很多企业重视培训评估，但是其评估却与实际工作脱节。培训效果的检验仅仅局限于培训过程中，没有在实际的工作中进行，造成了培训与实际生产服务脱节。在培训评估过程中，人们往往忽视对培训评估结果的沟通。尽管经过分析和解释后的评估数据将转给某个人，但是，当应该得到这些信息的人没有得到时，就会出现问题。在沟通有关培训评估信息时，管理者一定要做到不存偏见和有效率。

一般来说，企业中有四种人是必须要得到培训评估结果的：最重要的一种人是培训主管，他们需要这些信息来改进培训项目。只有在得到反馈意见的基础上精益求精，培训项目才能得到提高。管理层是另一个重要的人群，因为他们当中有一些是决策人物，决定着培训项目的未来。评估的基本目的之一就是为妥善地决策提供基础。应该为继续这种努力投入更多的资金吗？这个项目值得做吗？应该向管理层沟通这些问题及其答案。受训员工是第三个群体，他们应该知道自己的培训效果怎么样，并且将自己的业绩表现与其他人的业绩表现进行比较。这种意见反馈有助于他们继续努力，也有助于将来参加该培训项目学习的人员不断努力。第四个群体是受训人员的直接经理。

培训效果评估程序是否完善，是决定企业培训质量的关键，其实在这些流程里还有一个最关键的一个要素是培训效果评估的实施者——负责企业培训评估的管理者。 目前，众多的企业培训存在的最大问题在于无法保证将有限的培训投入到实际工作中去，由此转化出理想的培训效果，这就要求企业的管理者在重视员工的培训同时，必须加强培训评估的管理，不断完善培训管理功能，以达到通过人员培训为企业创造经济效益的目的。

新员工的入职培训

所谓入职培训亦称新员工导向培训或职前培训，指员工在进入组织之前，组织为新员工提供的有关组织背景、基本情况、操作程序和规范的活动。 入职培训对于新员工来说具有导向性作用。

1. 新员工入职培训的目的

新员工培训保证了员工一进入公司就具有很高的技术水平和职业素养，为企业的长期发展奠定了坚实的基础。 具体来讲，新员工入职培训的目的在于以下几个方面：使新员工获得职业生涯所必需的有关信息，开始适应组织环境；明确工作职责，适应新的职业运作程序，掌握一定的操作技能，开始胜任工作；建立良好的人际关系，逐渐被一定的团体接纳，增强员工的团队意识与合作精神；通过一定的态度改变和行为整合活动，促使新员工转变角色，从一个局外人转变成为企业人；为招聘、甄选和录用、职业生涯管理等提供信息反馈。

2. 新员工入职培训的内容

不同的企业，新员工入职培训内容存在很大的差异，这主要由企业的生产经营特点、企业文化以及新员工的素质决定。

就拿英特尔的新员工培训来说，基本上不涉及技术方面的内容，在开始的课程中可能会告诉员工薪金的情况，英特尔公司的基本情况，这个过程有一个星期，是封闭式培训，也叫新员工整体培训。培训的课程包括英特尔的成立过程，整个公司的架构，亚太区、中国大陆的架构，很大部分是讲公司的文化，5天课程可能有两天在详细介绍公司的方向是什么，战略是什么。

英特尔还给新员工安排了一个执行层和员工对话的 ESM（Executive Staff Member），公司从亚太区派两个副总裁级别的人来中国跟新员工见面对话。一般是在新员工在英特尔工作6~9个月后，再由这些高级副总裁来回答他们的一些问题。

新员工入职培训的一般内容包括：

（1）企业概况。主要指企业的创业、成长、发展过程，企业经营战略目标，企业的优势和面临的挑战；产品、服务和主要客户情况；企业的活动范围、组织结构、主要领导人等情况。

（2）企业行为规范和共同价值观。包括企业精神的塑造，经营管理理念，企业形象的特色与维护，企业文化建设的环境，企业伦理规范等。

（3）主要制度和政策。包括企业职工假期、请假、加班、报销的政策及其程序，购买内部产品的特权和享受内部服务等政策及其程序，绩效管理的政策及其程序等。

（4）企业设施情况。包括企业生产车间、宿舍区域、食堂、办公地点、员工出入口、员工活动区域、停车场、禁区、部门工作休息室、个人物品储藏设备、火灾报警、企业医疗设施等等。

（5）部门职能和岗位职责。包括部门目标及最新优先事项或项目，与其他部门的关系，部门结构及部门内各项工作之间的关系，工作职责说明，工作绩效考核标准和方法，常见的问题及其解决办法，工作时间和合作伙伴或服务对象，请求援助的条件和方法，加班要求，规定的记录和报告，办公用品的领取和维护等。

3．新员工入职培训制度

新员工入职培训制度是指企业为了有效地进行岗前培训，以企业制度的形式对岗前培训工作所做的规范和要求。岗前培训制度包括培训宗旨、内容、日程、阶段、培训意义及员工经过培训后所达到的要求。

新员工入职培训制度是企业对新员工进行培训的重要依据，因此制度内容要尽量详细、得当，使新员工对企业岗前培训制度有比较清楚的了解。同时培训制度也要尽量简明扼要，不要拖泥带水。有的企业为了明确入职培训，制定了多个关于岗前培训制度，除《岗前员工培训制度》外，又制定了《新进员工教育训练制度》《新进员工指导制度》《新员工培训指导制度》等作为培训制度的补充。这也是非常必要的。

4．新员工入职培训程序

新员工入职培训程序一般包括四个相互连接的内容。即入职培训的准备、入职培训的实施、入职培训的评估和上岗通知。

（1）入职培训的准备

入职培训的准备指为做好入职培训所必备的设施、空间场所、资料等条件，重点确定培训的时间、地点和培训教师。 如果在某一特定时间内公司进行多次招聘员工，在组织入职培训时最好将不同时间录用的员工进行统一培训。 准备入职培训一般要制定培训计划。 培训计划要考虑这样几个问题：入职培训的目的；入职培训的内容与形式所需要的设施；入职培训的时间安排；入职培训主题与部门工作目标的关系；人力资源部门和用人主管部门的分工与合作等。

（2）入职培训的实施

员工入职培训一般由人力资源管理部门和用人部门合作进行。 人力资源管理部门总体负责员工入职培训的组织、策划活动，协调和跟踪评估以及公司层面的入职培训。 培训内容分为一般性培训和专业培训，根据培训内容的不同可采用集中授课、自学、实施具体指导培训等方式。 一般性内容的培训包括公司概况、政策及规章制度、企业文化和行为规范等。 这部分内容主要由公司人力资源部门统一组织。 用人部门主要负责员工岗前培训的专业性内容。 新员工所在的部门经理或主管应该向新员工介绍本部门的情况，参观本部门的工作设施和环境，介绍新员工将要从事的工作内容、职责要求和注意事项以及工作绩效考核标准和方法，同时要向新员工介绍与本部门原有员工认识和联系。

（3）入职培训的评估

公司在每一次入职培训后都要对参训员工进行评估。 评估一般分为考试或考核的形式。 考试适用于对知识、技能的考察。 如果想知道受训员工对管理实务是否掌握，实习是否有收获等内容，就应该对参训员工进行考核。 考核有两种形式，一种是利用考核表，另一种是让参训员工写心得报告。 指导者根据受训员工的心得报告进行评价。

（4）上岗通知

参训员工经过入职前培训评估后，由公司人力资源部门统一发放上岗通知书或上岗证书，作为新员工取得上岗资格的证明。 上岗通知书的颁发应该以入职培训考试、考核是否合格为依据。 目前，一般公司都是采用差额岗前培训的办法进行培训，也就是说公司招聘员工后经过不断的培训、考核而不断进行淘汰，从这一过程中选择出比较优秀的员工。 所以员工岗前培训的流程也变得比较复杂。

5．新员工入职培训的时间与课程

入职培训时间安排要紧凑、实用，不能给新员工松散的感觉。 入职前培训的一般性内容最多安排在一周内，课程设置主要是让新员工对公司的工作程序、规章制度、企业文化等方面有所了解。 入职培训的专业性内容所需时间则根据新员工即将从事工作的复杂程度与新员工对该工作掌握的程度来确定，具体的课程设置也依据工作的内容来确定。 专业性内容的培训应该掌握两个原则，一个是不要具体规定员工培训的时间，应该以员工能够掌握工作的基本操作方法为标准；另一个原则是尽量让员工参加与工作有关的各种实际操作中去，即多安排实习训练。

6．新员工入职培训跟进

入职培训跟进是指入职前培训结束后，为了更好地发挥入职前培训的成效，人力资源部门对新员工入职前培训结果的一种检验。

入职培训结束后培训结果如何，如果不跟进是无法得知的。培训需要跟进和反馈，否则整个培训过程是不完整的。因此，入职培训结束人力资源部门要对培训结果跟进。跟进时间一般在员工开始工作后四个星期之内，跟进的形式可采取召开新员工培训反馈会议、个别谈话、填写反馈表等。如发现入职培训的问题，应立即采取措施，使问题得到解决和改善。

入职培训跟进内容重点包括三个方面，即员工反应层次、学习层次、行为及绩效层次。反应层次应侧重于岗前培训内容是否全面，员工是否都能够理解，经过培训后的员工是否能够激发工作热情。学习层次侧重于员工对培训内容的理解和掌握情况，如员工能否在工作中熟悉公司纪律、岗位行为规范、工作安全知识、公司文化的核心价值观等。行为和绩效层次侧重于培训后员工工作行为及其工作表现，如试用期之内员工是否能较好地适应新的工作环境和工作要求；员工对培训内容的履行情况，入职培训是否达到预期目标等。

第八章

建立威信:管人先要正己

古人云:"其身正,不令而行;其身不正,虽令不从。"所以,在管理者应该掌握的管人之道中,最基本也是最重要的一条,应该是管理者的"自我要求"。作为管理者,你是否对自己的要求远大于对员工的要求呢?你是否会站在客观的立场,为员工设身处地地考虑?这些问题,将直接关系到管理者能否建立威信,能否真正地管好人才。

领导的威信来自哪里

权力和地位赢不来下属的真心尊重，下属对领导者的尊重是来自于领导者的威信。 领导者要想管好下属，必须在下属面前有威信。

那么，什么是威信呢？ 威信是领导者在下属和群众心目中的威望和由威望而产生的信任；威信，就是威望和信任两者的结合。

威信是一种非权力性的影响力。 一个新上任的领导者，在得到任命的同时自然得到了权力，有权就可以使下属服从其命令和指挥，但却不一定真正有威信。 而有了威信，并同其拥有的权力相结合，方能对下属具有真正的权威，权力也才能得到更有效的运用。 可以这样说，权力是权威的前提，威信则是权威的内在灵魂。

作为新上任的领导者，如何以自己的才智和能力树立威信，主要应做到以下几点。

1. 精通业务

领导者对于职责范围内的主要业务，必须是由熟悉进而做到精通。 这是在下属面前树立威信的最基本条件。 一般说来，上级不会委任不懂业务的人担任管理职务。 但在有些情况下，担任某种管理职务的人，开始时可能不大熟悉本行业务，这就必须抓紧学习，尽快熟悉业务，并逐渐成为本行的专家。在这个问题上是没有什么窍门可找的。

2. 有决策能力

一个遇事没有主意、优柔寡断，致使问题久拖不决的领导者，或者一个凡事硬作主张、专横武断，指示决策经常失误的领导者，在下属面前自然也不会有威信。下属在工作时最关注领导的，是其决策能力的强弱，在需要做出决策的时候，领导要有胆量及时做出正确或基本正确的决策。

领导者多谋善断，敢于拍板，是最能赢得下属的钦佩和信任的。就如一位军事指挥官，若能经常做出正确的作战部署，指挥部队常打胜仗，自然会在下级指战员的心目中树立起高度的威信。

3. 善于组织

任何一个领导者都有几个甚至许多个下属，要管理一帮人或若干项事务。领导者的职责就是要把这些人和事合理地组织起来，像是组装起一台机器，使之顺畅稳定地运转，既不出现窝工，又不出现空当。工作情况和任务有了变化，要能够及时地调整人力及其他可调用的资源。要建立健全各项管理制度，使各方面工作规范化、制度化，以保证单位整体工作协调有序地正常运转。还要善于运用团队的力量，充分发挥助手、下属的作用，无须事必躬亲。这样的领导者，自然会受到下属的尊重和信任。

4. 知识广博

当前，连普通员工一般都具有中等或中等以上文化水平，作为一个领导者特别是较高层次的领导者，如果缺乏学识，知识面又很窄，是很难得到下属尊敬的。 一些年轻的下属，往往愿意和领导谈谈工作以外的话题，如国际形势、科学技术领域的新发现新发明、文学艺术作品等，如果领导者平时注意阅读书报，熟悉这些问题，能以自己的见解同他们交谈，自然会赢得他们的尊重，从而有助于树立自己的威信。

5. 良好的品德与人格

领导者以自己的品德和人格树立威信，要注意做好以下几点。

（1）以身作则。 要求别人做的，自己首先做到；要求别人不做的，自己首先不做。 而且要记住，上梁不正下梁歪。

（2）公正待人。 对下属不分亲疏远近，一视同仁，是领导者为人正派、正直的优良品质的重要表现。

领导者更应该能保持已建立起来的威信，因为领导者在下属心目中的威信是不断变化的，是动态的，不是静态的。 通过自己的才能和品德赢得的威信绝不是一劳永逸可以终身享用的，如果不注意维护，不进一步地努力去提高它，它就会逐渐下降，甚至消失殆尽。

为了保护自己的威信，一是要谦虚谨慎，力戒骄傲；二是要继续提高自己的素质。 有两种情况应特别注意。

第一种情况是下属的才能比你强，这种情况是经常会遇到的。 领导者遇到这种情况，维护自己威信的最好方法是学刘备、宋江，不要学武大郎开店。 有幅漫画中的武大郎，因自己的身高不如别人，所用员工只能比自己矮，不许别人高过自己。 压抑人才的结果，表面上是自己的权位保住了，威信得以维持了，实际上却是人才外流，众叛亲离，工作受到严重损失，自己的威信最后也全部丢掉。

学刘备、宋江的办法，就是对能力强过自己的下属，谦虚一点，尊重他们，在工作上充分信任，放手使用，为他们提供施展才干的机会，成功了把功劳归于他们，失败了自己来承担主要责任。这样做，那些才能超过自己的下属不但不会"盖主"，反而会心甘情愿地接受其管理，同时也会博得其他人的尊敬和赞佩，吸引更多的人才前来投奔，领导者的威望也会随之提高。

第二种情况是对待自己的错误。有些领导者遇到这种情况，为了维护自己的威信，往往采取讳疾忌医、文过饰非的方法，或是不承认自己有错误，或是只讲客观原因，不承认本人主观上的责任，甚至把错误的原因推到别人身上。这种做法，总是弄巧成拙，既无助于自己纠正错误，走出由错误造成的困境，也维护不了领导者的个人威信，反而会导致下属的不满，使因错误已下降的威信更加降低。只有勇于承认错误并及时纠正错误才是明智的选择。

树立自己的领导权威

领导要树立自己的领导权威，要让别人知道谁是管理者，进而达到令行禁止的目的。

1. 与下属保持一定的距离

这就是说，领导不要和下级过分亲近，要与他们保持一定距离，给下属一个庄严的面孔，这样才能获得他们的尊敬。

也就是说，作为一名上级领导，重要的是要善于把握与下级之间的亲疏远近，使自己的领导职能能够得到充分发挥。即使你与每一个下级都有八拜之交，亲如兄弟，但你想过没有，你是一个部门的领导，那么，你与下级之间除去兄弟般的关系之外，还有一层上下级的关系在里面。一旦部门利益与你亲如兄弟的下属利益发生冲突时，你又将如何收场？所以，与下级建立过于亲近的关系，不但不利于你的工作，反而会带来许多不易解决的难题。

如果你做出了某项决定，并要通过你的下级去贯彻执行，而这个下级又恰恰与你颇有交情，不分彼此。如果这位下级是个通情达理的人，为了支持你的工作，为了部门的利益，会放弃自己的暂时利益去执行你的决定，自然是再好不过了。

但是，如果你的下级不晓事理，不知轻重，那么你的麻烦就来了。他可能会倚仗与你这个上级的特殊关系，有恃无恐，视你的决定为"儿戏"，不去认真执行，甚至置之不理；或者他会找上门来，依仗他与你之间的关系，劝你收回决定，或与你"讨价还价"，这无疑是给你出了一个大大的难题。

这时，如果你打"退堂鼓"，想要收回决定的话，必然会遭到他人的非议，引起其他下级的不满，其他人会说你"说话没准儿"，言而无信，缺乏领导的威严。如果不收，你虽然可以得到其他下级的赞许和支持，至多也只能如此；但你与那些"兄弟般"的下级却关系恶化，反目成仇，他们会说你是一个不讲情面的人，从而远离你。

因此，与下级关系太过密切，往往会带来许多意想不到的麻烦，导致领导工作难以顺利进行，同时也影响了你作为上级领导的形象。

2. 喜怒不形于色

无论什么样的人，只要有一定的社会阅历，便会多多少少练出一些察言观色的本领。你的下级与你同在一个单位，"抬头不见低头见"，时间长了，自然对各自的脾气习性有了深入了解，下级在与你打交道时，也会根据你的喜怒哀乐来调整和你相处的方式，进而顺着你的喜怒哀乐来为自己谋取利益。这样，你会在不知不觉中，跟着下级的"指挥棒"走，而意志也逐渐受到他人的控制，成为实实在在的"傀儡"，这自然是很不幸的。如果你的喜怒哀乐表达失当，有时还会招致无端之祸。

因此，作为一个上级领导，如果不想受人愚弄、被人指挥，如果想做得高明一些，那就不能随便将自己的情绪表现出来，只有这样，才可以避免被手下窥破弱点，予人以可乘之机。

事实上，喜怒哀乐是人的基本情绪表现，心如止水，没有喜怒哀乐的人在世界上是根本不存在的。如果有的话，也只能是"植物人"。

没有喜怒哀乐，这种人是非常可怕的，因为你根本不知道他在想什么，他对某件事的反应是什么，对某个人的看法又是什么，面对这种人时，我们会手足无措，心慌意乱，不知该如何应对。

其实，没有喜怒哀乐的人并不存在，这种人只是不把自己的喜怒哀乐表现在脸上罢了。对于上级领导来说，在与下级的交往中，做到这一点是非常重要的。掩饰自己的喜怒哀乐等情绪体验，深藏不露，控制好自己的情绪是树立领导权威、震慑下级所必需的。

作为上级领导，一旦表现出自己的喜怒哀乐，露出真实情感就很容易被下级看穿，将自己的弱点暴露出来，这样"授人以柄"，自己便会处于被动地位，甚至会受人拨弄，从而做出错误决策。

"喜怒不形于色",也就是要尽量压抑个人的感情,以冷静客观的态度应付事情。

这样的性格至少有两大优点:

第一,当一个单位遭遇困难时,如果上级领导露出忐忑不安的表情或慌乱的神情,便会影响到下级的情绪。上级的表情往往具有"传染性",而且速度之快、影响之深是相当惊人的。一旦根基动摇,便会带来崩溃性的灾难。这首先是下级心理防线的崩溃,"兵败如山倒",它对一个单位造成的灾难是难以估量的。在这种情形下,如果上级领导能保持冷静,若无其事,"泰山崩于前而色不变",那么便能安抚人心,闯过难关。

第二,在对外交涉谈判时,上级领导是否具有从容镇定、成竹在胸的泱泱风度决定着谈判的成败。如果在谈判桌上把持不住自己,露出真实情感,那就如同将自己的底牌亮给了对方一样,这样便很容易为人所制,屈居下风。

不轻易表露自己的观点、见解和喜怒哀乐,被称为"深藏不露",这是古今中外成功的领导用以控制下级的一种主要方法。聪明上级一般都喜欢把自己的思想感情隐藏起来,不让别人窥出自己的底细和实力,这样下级就难以钻空子了。上级如同在暗处,下级如同在明处,下级便会对上级感到神秘莫测,产生敬畏感,同时也容易暴露自己的真实面目。这样,上级控制下级就比较容易了。

3. 培养下属服从命令的习惯

有一位部门经理,一看到下级留长发,便苦口婆心地劝他把头发理短。有人问,留长发与工作有什么关系。这位经理的回答是:工作做得好坏与头发并没有关系,问题并不在于头发长短，而在于下级是否服从上级，是否对上级的话表现出应有的重视。

可见，下级纵然不明白上级领导的意图，但却不找借口予以否定和拒绝，大多时候只能是无条件地服从。

这种方法与对军事人员的训练方法也有类似之处。军队在新兵入伍时，往往采取"斯巴达式"的各种训练方法。这种做法的特点在于，下级的身体已经相当疲惫，再也没有提出反对意见的余地，这样便形成了无条件服从上级的基础。这种行为如果累积下来，便可使绝对服从上级的规则维护下来。日后即使下级有再好、再充分的理由，也无法对军人以服从命令为天职这一约定俗成的规则提出异议。

在企业上班的人员，同样是由一种命令系统组成的整合体。在一个企业中，如果各部门的经理不能无条件地服从总经理的命令，那么在达成共同目标时，便会遇到障碍和麻烦。有令不行，或者执行打折，各持己见一盘散沙，形不成共同的意志和奋斗目标。这样的企业是不会有竞争力的，它最终只能落败。反之，如能完全发挥命令系统的功能，企业便可凡事胜人一筹。

这样说，并不是要将下级以军队的方式进行训练。下级本身也是独立的个体，有独立的思想和意志，而且他们有时自身就是领导，上司过于严格，会使他们觉得"小题大做"，过于难堪，在下属面前有失尊严，从而对上司的教导产生反感和疑问。为了防止这种现象出现，同时又能确保上级"令出如山"，不妨让他们遵守一些不成文的规定。如"各部门经理要在每周一上午向总经理作工作汇报""部门主管要提前20分钟开始办公"等。如此一来，便可使下级形成接受上级命令的习惯，整个企业也会产生强大的凝聚力。

承诺的事情一定要兑现

人无信不立。 领导者对下属要讲诚信，自己答应的事情一定要做到，要信守自己的诺言。 不讲信用，在下属中就会失去威信，在管理中就没有号召力和凝聚力。

有一个做房地产的公司，在年初的时候制定了一个指标，说销售人员在完成一定的销售任务后，会被奖励小轿车。因为想拥有汽车，公司的销售人员个个都十分努力，这一年公司的业绩十分可观。年底考核后，销售部把考核结果拿到了领导那里，领导一看，怎么这么多的人可奖励汽车，他不愿多出钱，结果这个公司一线的、优秀的销售员工的积极性受到严重打击，第二年的销售业绩直线下降，有的干脆辞职跑到了对手的公司去了。

从上边这个例子可以看出，当领导者应承下属某件事情时，一定要三思而行。

因为当下属没有得到你的承诺时，他不会心存希望，更不会焦急等待，自然也不会有失望的惨痛。 相反，领导者如果承诺了，无疑在他心里播种下希望，此时，他可能拒绝外界的其他诱惑，一心指望你的承诺能得以兑现，而若你不兑现承诺，就会毁灭他已经制定好的美好计划，或者使他延误寻求其他外援的时机。 如此一来，领导者的形象就会黯然失色，下属因你不能信守承诺而不再相信你了。 有些人在生活或工作上经常不负责任，许下各种承诺，而不能兑现，结果给别人留下恶劣的印象。 承诺必须办到，如果你办不到，或不愿去办，就不要答应别人。

1. 不要轻易地给下属许诺

有的企业在招聘下属时比较困难，很多领导者为了尽快招到满足用工需要的员工，往往会对应聘人员开出不同的条件，甚至会超出自己的权利范围；也有些领导者会在"留人"时做出超过标准的许诺。 可是当你的承诺没有办法兑现时，你就难以再面对员工，那时你会感到无地自容。 对于下属，领导者是代表着企业的，当他觉得企业在"欺骗"他时，他对企业会产生怨恨情绪，由此给公司造成的隐性危害和负面影响是相当巨大的。 不管在什么样的情况下，领导者都要讲诚信，不要轻易地给下属许诺，尤其是不要开出难以兑现的条件。

2. 承诺时要留有余地

许多领导者把握不了承诺的分寸，他们的承诺很轻率，不留下丝毫的余地，结果往往使许下的诺言不能实现。 成功的领导者一般都注意承诺这个细节，他不会轻易承诺某一件事，即使有把握，许诺时也决不斩钉截铁地拍胸脯，把话说绝。 例如，多使用"尽力而为""尽最大努力""尽可能"等具有较大灵活性的字眼。 当然，留有余地不是给自己不努力寻找理由，诺言一旦说出，自己必须竭尽全力去实现。 这样做的好处有二：一是万一情况有变，给自己留有回旋的空间；二是兑现时超出了员工的心理预期，就会给他意外的惊喜。

3．许诺要明明白白

虽然要谨慎许诺，但是在实际的工作中不可能不许诺，因为没有许诺就没有激励。这时应把握一个原则：许诺的内容要明明白白，不要含糊。因为同样一句话，不同的人理解是不一样的，即使同一人在不同的环境、心境下理解也不一样。而且人们有一共性，那就是往往向着对自己最有利的那一面理解。所以一定要讲得清清楚楚、明明白白，尽量不要让员工理解产生歧义，不然事成之后很容易产生矛盾。

4．重要的不在于说，而在于做

要让下属感觉到你真正在为他们的期待而努力、而行动。比如在上司、同事面前夸赞你的下属，为下属争取展露才华的空间，放手让下属挑重担，等等。

5．即使是自己能办的事，也不要马上答应

事物总是发展变化的，原来可以轻松做到的事可能会因为时间的推移、环境的变化而难以办到。如果轻易承诺下来，会给以后的落实增加困难，你在别人眼里就成了一个言而无信的伪君子。

6．对做不到的事情，决不要许诺

例如，每个下属都有获得加薪、晋升的期望，作为领导者，你自然想抓住他们的这些需求进行激励。但是，成熟的公司都有一套关于薪金、晋升的规定和程序，并不是你个人能随意更改的事情。一旦许诺落空，你在下属面前就威信扫地了。

上级也会对你产生不好的印象，感觉你不守规矩，拿着公司的钱送人情。

7. 谨防"隐性许诺"

隐性许诺是指：领导者虽然没有明确承诺下属，但下属自认为领导者实际作了承诺，如果领导者没有做到，下属会认为领导者失信。造成隐性许诺的原因往往是领导者在某一特定的条件下曾给了下属某些待遇奖励，但没有强调当时的特殊性，就会给下属以后要形成惯例的感觉。

8. 无法兑现时，要诚恳道歉

如果做出了承诺，而由于情况发生变化，以致无法兑现，此时，最好的解决办法是向下属真诚地道歉并坦诚地告诉下属不能兑现的缘由，以求得下属的谅解，同时要想办法从其他方面给予弥补。

敢作敢当的管理魄力

现代管理研究表明，一个管理者应该具备这五种基本品质：

一是向员工显示出他们对公司和员工的关心。

二是他们能明确告诉员工，公司的目标是什么。

三是他们能让员工明白，在公司内部人人平等，遵守制度和违反制度、努力和懈怠的后果是不一样的。

四是善于抓住公司发展的时机。

五是能和公司一起承担风险。

而其中最后的两项，都需要有敢作敢当的管理魄力。

1. 成功的管理者勇于尝试

一个成功的管理者，绝不会是畏首畏尾的。他们会说"可以，这样做是可行的"，而不是说"这样不行，恐怕会引起不良后果""那样不行，太冒险了"等诸如此类的话。这就好比一个负责驾驶的教官，老是对学员说："不要这样，不要那样。"因为怕出事而不敢放手，对学员一点也不放心，也不告诉他应该怎么做，学员早就对他失去信心，又怎么能学会驾驶、拿到驾照呢？管理者也是这样，只有敢于带头，敢于做事，才能带领一个团体进步。

人的思想有一定的惰性，人们已经习惯于从同一个角度出发去思考问题，总是喜欢用现成的、熟悉的答案来解答形形色色、层出不穷的问题，自己给自己造成一种思维定式，来禁锢自己的思想。但实际上，我们不可能"以不变应万变"。管理者面对不同的员工群体和工作心态，面对瞬息万变的外部环境，如果不能突破思维定式，大胆开拓，其后果就是管理方法陈旧落后，公司也得不到发展，陷入窘迫的处境。

而且，现代社会的竞争十分激烈，在商界尤其如此。机遇虽多，但稍纵即逝。正所谓"机不可失，时不再来"，许多管理者等到机会溜走时才恍然大悟，后悔不已。其实，机会来时他未必不知道，只是因为顾虑和犹豫，而没有当机立断地采取行动。与他们不同的是，成功的管理者无一不是敢作敢为，捕捉到机会便立即抓住的人。他们不会由于害怕承担风险而错过任何时机，他们具有勇气和极强的行动力。

美国的金融大亨摩根就是一个敢作敢为的管理者。有一次，他得知一位船长替人运送咖啡到了美国，可订货的商人却已经破产了。只要能付现金，船长情愿半价将咖啡出售给任何人。尽管从来不做转手买卖，但摩根认为这个风险值得冒。最终，他说服了自己商行内表示反对的员工，拿出大部分资金买进了所有船只上的咖啡。这是很大的一笔买卖，所有人都忧心忡忡，害怕商行因此而破产倒闭，就连摩根自己也不例外。幸运的是，没多久巴西出现了严寒天气，一下子使得咖啡大幅减产，咖啡的价格越涨越高，摩根商行的钱包也越来越鼓。事实证明，敢于冒风险是值得的。此后的百余年间，摩根家族的后代也都继承发扬了敢想敢做的作风，不断地积累财富，生意越做越大，终于打造成了后来的"摩根帝国"。

2. 敢做又能敢当，是管理者领导力的重要表现

对于一名管理者来说，"敢做"固然是非常重要的品质，但同时还应该"敢当"。在关键时刻挺身而出，在员工都束手无策时能勇敢面对，使问题迎刃而解，是管理者领导力的重要表现。开拓往往伴随着风险，"敢做"的结果不见得都是顺顺当当、风平浪静，如果光是做事大胆，却不能承担失败，也不能很好地处理善后，只能算"半截子"的管理者，达不到合格的要求。

秦国宰相范雎在位十年，在内政和外交上都为秦国做出了很大贡献，深受秦昭王的信任。他的权势不仅影响到国内事务，甚至还借着秦国的霸主地位，影响到其他国的诸侯。

本来，他是可以稳坐这个高位不动摇的，直到出现了令他害怕而不知所措的事情——因他的推荐而受重用的两个人接连犯了重罪，其罪当诛。按秦国的法律，推荐者也要承担同样的责任，范雎也要被砍头。他为此日夜忧虑，茶饭不思。

幸好，秦王念在他过去的功劳上，免了他的死罪，只做了警告和处罚便了事，也没有降他的职。但范雎觉得自己应该负起责任来，最后还是托病辞官，并推荐了其他宰相的人选给秦王。

当然，现代管理者不能动不动便辞职，这样未免显得不负责任。但是，在范雎那个时代，这却是最负责任的表现。为了负责，宰相都不做了，还不够"敢作敢当"吗？管理者应该学习的是他的态度，学习他"敢当"的气魄。

管理者只有敢作敢当，才能对外抓住机会、开创事业，才能对内收服人心、带动团队，最终取得事业上的成功。

第九章
团队管理:培养团队的凝聚力

海尔集团总裁张瑞敏曾说:"一个企业是否有活力,是否有发展前景,看什么?——团队精神。"经济的发展,使得企业间的竞争日趋激烈,企业是否拥有合格、有效率的团队已经成为其生存发展的必要条件。因此,管理者能否对团队进行有效的管理将直接关系到企业的兴衰荣辱,如何进行团队管理已经成为企业管理者的一项迫在眉睫的任务。

培养"团队精神"

　　"团队"是管理学界近年较为流行的一个词，事实上，现代管理的确愈来愈重视"团队"。　同群体不同，团队不是某个在一起工作的集体。　举一例子：每年在美国篮球大赛结束后，常会从各个优胜队中挑出最优秀的队员，组成一支"梦之队"赴各地比赛，以制造新一轮高潮，但结果总是令球迷失望——胜少负多。　其原因在于他们不是真正意义上的团队，虽然他们都是最顶尖的篮球种子选手，但是由于他们平时分属不同球队，无法培养团队精神，不能形成有效的团队出击。　由此看来，团队并不是一群人的机械组合。　一个真正的团队应该有一个共同的目标，其成员之间的行为相互依存，相互影响，并且能很好合作，追求集体的成功。　这样的集体不论是在篮球比赛中，还是在企业竞争中，都会有着不俗的表现。

　　20 世纪 60 年代至 70 年代中期，日本经济迅猛发展，企业的国际竞争力居世界前列，产品在欧美市场攻城拔寨、势不可挡。　二战以后，世界暴发户美国可谓财大气粗，为什么在日本产品进攻面前节节败退呢？　美国的专家认真研究后，得出结论：假如日本最优秀的员工与欧美最优秀的员工作一对一的对抗，日本员工多半不能取胜；但如果以班组和部门为单位比赛，日本总是占上风。　日本虽然土地狭小，物少、人多、资金缺乏，但是日本的员工对企业有一种强烈的归属感，他们全身心地投入到企业的业务上。 欧美盛行个人主义、个人奋斗，不能形成 1 +1 >2 的团队竞争力，而日本人则强调团队的力量，强调团队精神。 同事之间精诚合作，共同维护团体利益，所以当企业遇到困难，大家能抱成一团，同舟共济。

日本公司的成功之法，使欧美企业家悟到：单打独斗的时代已经过去，光提高员工的个人能力而没有有效的团队合作、生生不息的团队精神，在竞争日益加剧的今天已经没有生命力了，团队精神才是一个企业真正的核心竞争力。 因此，树立团队精神是当代企业管理者必须重视的问题。 只有树立了团队精神，才能使团队产生真正的向心力，从而使企业具有不可摧毁的凝聚力。 下面这个例子很好地体现了团队精神的重要性，值得企业的管理者予以借鉴：

人们曾经认为，修建一条从太平洋沿岸到世界最长的山脉——安第斯山脉的铁路是不可能的。 但是一个波兰血统的工程师欧内斯特·马林诺斯基以实际行动对这个想法发起了挑战。 1859 年，他建议从秘鲁海岸卡亚俄修一条到海拔 15000 英尺（1 英尺≈0.3 米）高的内陆铁路——如果成功了，这将是世界上海拔最高的铁路。

安第斯山脉险情四伏，其海拔高度已使修筑工作十分困难，再加上严酷的环境，冰河与潜在的火山活动，使修建工作更是困难重重；只经过一小段距离，山脉就从海平面一下子上升到 1 万英尺的高度。 在这个险峻的山脉中，要把铁路修到海拔高处，需要建造许多"Z"字形、"U"字形线路和桥梁，开凿许多隧道。

然而，马林诺斯基和他的团队成功了。 整个工程有大约 100 座隧道和桥梁，其中的一些隧道和桥梁是建筑工程上的典范之作，很难想象在如此起伏巨大的山地中竟然能靠那些较为原始的工具完成这个工程。今天，铁路仍然在那儿，它是修建者以一当十的证明。无论修建过程中发生了什么，马林诺斯基和他的团队从来都没有放弃过。

马林诺斯基和他的团队坚信世界上没有不可能的事，他们之所以成功不仅因为他们发扬了以一当十的拼搏精神，坚持不懈地去努力，还在于他们以十当一的团队精神为成功提供了强有力的保障。

无论是在马林诺斯基修路的 19 世纪，还是在竞争激烈的当代，越来越要求团队具有高超的合作能力，团结一致的团队精神。作为管理者，想要树立团队精神，不仅要让成员发挥以一当十的干劲，还必须提高自己的团队合作能力，使整个团队发挥以十当一的功效。

团队协作模式对个人的素质有较高的要求，成员除了应具备优秀的专业知识以外，还要有优秀的团队合作能力，这种合作能力，有时甚至比成员的专业知识更加重要。

如何培养"团队精神"呢？首先要了解团队精神的内涵。所谓团队精神，简单来说就是大局意识、协作精神和服务精神的集中体现，可具体分为以下几方面：

1. 团队精神的核心——团结协作、优势互补

团队精神强调的不仅仅是一般意义上的合作与齐心协力，因为这最多带来"1 + 1 =2"的效果，要发挥团队的优势，其核心在于大家在工作上加强沟通，利用个性和能力差异，在团结协作中实现优势互补，发挥积极协同效应，带来"1 + 1 >2"的绩效。社会学实验表明，两个人以团队的方式相互协作、优势互补，其工作绩效明显优于两个人单干时绩效的总和。

2. 团队精神的境界——奉献精神

在团队成员对团队事务的态度上，团队精神表现为团队成员在自己的岗位上"尽心尽力"，"主动"为了整体的和谐而甘当配角，"自愿"为团队的利益放弃自己的私利。这在日益提倡个性化、讲究个人能力的今天，绝不是一件说到就能做到的事，这需要而且本身就是一种奉献精神。

3. 团队精神的两个重要组成——忠诚感与民主意识

日本社会在强调忠诚、社会责任的东方群体本位文化的底蕴上，吸收西方民主管理思想形成了日本经营成功的奇迹——团队精神。而欧美国家缺乏东方文化的传统，但他们在个体本位文化的传统上，强调民主，通过调动个人的积极性、创造性，同时吸收东方文化中强调忠诚与社会责任的做法，也培育出了有他们文化特色的团队精神。可见，不管是东方的团队精神，还是西方的团队精神，它都包含两方面的内容——忠诚与民主。

4. 团队精神的外在形式——团结向上的精神风貌

团队总是有着其明确的目标，实现这些目标不可能总是一帆风顺的，因此，具有团队精神的人，总是以一种强烈的责任感，充满活力和热情，为了确保完成团队赋予的使命，和同事一起，努力奋斗，积极进取，创造性地工作。

5. 团队精神的基础——和谐的人际关系和良好的心理素质

没有良好的人际关系，是不可能有人与人之间的真诚合作的；没有良好的心理素质，也是很难做到相互宽容、乐于奉献、积极进取的。 因此，在团队精神的教育过程中，要把团队精神的教育与人际关系、心理素质教育紧密结合。

了解了团队精神的实质，管理者就可以对症下药，在团队建设中，对这些方面给予高度重视，培养团队精神也就不是什么难事了。

进行团队目标管理

企业的管理者对目标进行管理可以有多种理解：从广义上说是一种管理系统，即以系统化的方式集合许多关键的管理活动，并有意识地引导人们有效地实现组织目标与个人目标的一种综合管理系统；从狭义上讲是一种管理过程，在此过程中管理者与下属确认双方共同的目标，根据目标的完成情况衡量绩效和划分责任以评估成员工作、指导单位运作；从管理方法上看，目标管理是一种管理工具，可以用于激励和评估；从管理思想上看，目标管理代表了一种管理哲学，它充分肯定人的潜力，相信人们可以自我控制、自我发展。

进行目标管理，可以达到改善计划效果、强化控制活动、优化组织结构、开发人力资源的效果。 管理目标的过程一般有以下几步：明确团队整体目标；在各单位之间分配主要的目标；各单位管理者与其上级一起设定本单元的具体目标；团队所有成员参与设定自己的具体目标；管理者与下属共同商定实现目标的行动计划；实施行动计划；定期检查实现目标的进展情况，并向有关单位和个人反馈信息、提供意见和建议；根据绩效给予奖励或者修改目标，调整计划。

综上所述，关键步骤可以概括为确定目标、分解目标、评价目标是否实现、给予反馈。

1. 管理团队确定的目标

当团队确立目标时，团队的管理者应注意以下事项：

（1）做什么：是否要制造产品？有没有足够资金？现有设备用来制造新产品，是否比制造原有产品更好？有没有市场？

（2）为谁做：作为公司，首先要设法满足顾客的需求。如果现有市场有某些产品或服务还无法满足人们的需求，便可以想办法来供应。杜邦公司就曾花费多年时间与大笔金钱，来开发能替代丝织品的材料，其成果便是物美价廉的尼龙。

（3）如何物尽其用：企业家们一直在寻找能充分利用人力、物力资源的方法，并总结出一条"互相效力原则"，即"共同行动的结果，其影响力往往大于个别行动的结果"。例如，在商场开设餐饮服务，这样购物者可以来用餐，用餐者可以购物，其资源利用效率自然要大大高于将餐馆与商场分开的做法。

（4）如何取得所需要的资源：所有的目标要切实可行，还需根据公司所能得到的资源而定。

当然，这并非让公司在工作开始就万物俱全，只是要确定在需要的时候能有可靠的来源，这样公司所冒的风险便能减至最小。

为了确立团队目标，召开团队目标会议是可行的办法。会议准备包括：调查了解个人观点，召开会议前的论坛会。 首先提出新的思路，但要解释一下公司为什么要选择那些目标。 如果由参加高层团队目标会议的负责人来解释，那将起到特别有力的推动作用；进行预先思考的文本，向参加会议的每一个人分发小册子，但调查的内容是让他们考虑本部门该确立什么样的目标，才能对公司的发展战略做出贡献。 根据团队目标会议确定的行动方案，要散发给每一位团队成员，当然，如果能提供给物资供应部门和顾客服务部门，也将对工作有所助益。

每年至少召开两次总结会议。 各个团队将其工作进展情况上报给正式召开的经理会。 你越重视这种会议，团队就越把它当回事。 他们会在最后截止日期前将工作赶做完毕。

团队目标会议这个程序，要依次贯穿到组织的各层次中，每个团队目标会议形成一致方案后，该团队上一级经理在会议结束前到会，并正式签署文件。

通过这个途径，公司的目标在整个系统内都得到理解，各个部门相互协作，各自承担义务。 层层密切合作是攀登通往世界级水平阶梯的起点，是不可或缺的。

2．过程控制

过程控制是目标管理的重中之重，许多企业都给予了足够的重视。

如在某著名的电器公司的"目标管理手册"中，有这样的规定：

目标达成过程的管理——目标一经确定后，部属就有达成目标的义务。 但在义务产生的同时，上级也应把必要的权限交给部属。

（1）下属应在自己的责任和权限范围内展开执行目标的工作，其方法是：

①原则上依目标、内容所定的方式进行。

②尽量与其他人沟通信息和意见。

③发挥自己的积极性与独创性。

（2）上级应执行重点式的管理方法有：

①协调部门整体的业务，以求平衡。如人员、经费的协调等。

②与其他部门的协调。

③例外事项的处理。

④部属遇到其权限内无法处理的问题，或者部属发生疑问，要求解答时，上级应加以指导，帮助部属进行处理。

⑤部属的目标进行状况脱离正轨时，应及时加以修正。

（3）尽管上级把工作的权限委任给部属，但上级对于业务的进行状况仍应切实把握。

目标管理重视结果，强调自主、自治和自觉，但并不等于领导可以放手不管，相反由于形成了目标体系，一环失误，就会牵动全局。因此领导在目标实施过程中的监督是不可缺少的。

这一步是为实现目标体系而进行的过程管理。主要由员工自主管理或自我控制，上级根据例行原则时重大问题予以过问和实施干预。当员工的个人目标和各级管理者的部门目标和层级目标实现了，企业的总体目标也就能实现了。

这个控制规定强调了目标管理过程中的控制机制，在实际工作中，企业的管理者可以通过以下几个步骤来进行管理控制：

①确定实行控制的标准。

②根据标准衡量执行情况。

③进行定期检查，利用双方经常接触的机会和信息反馈渠道自然地进行。 在实现目标的过程中，如果员工能够得到及时、客观、不断的反馈信息，其受到的激励要比无任何反馈信息大得多。 同时，员工获得行动效果的信息后，会主动发扬优点或调整下一步的行动，更有利于取得高绩效。 要帮助下级解决工作中出现的困难问题，当出现意外，不可测事件严重影响组织目标实现时，也可以通过一定的手续，修改原定的目标，纠正实际执行中偏离标准或计划的误差。

3．评估结果

如前所述，目标管理要求规定目标完成期限，同时不断地给予员工目标实现程度或接近目标程度的反馈，使员工能及时地了解工作的进展，掌握工作的进度，从而及时地进行自我督促和行为矫正。 而这是建立在评估的基础之上。

对目标所达到的成果情况进行检查和评价是目标管理的最后一个阶段，也是对整个目标管理过程的反馈环节。 在这个阶段，要对目标体系的执行情况进行检查，并通过反馈对照总目标和分解目标，确保总目标的实现。

达到预定的期限后，下级首先进行自我评估，提交书面报告；然后上下级一起考核目标完成情况，决定奖惩；同时讨论下一阶段目标，开始新循环。 如果目标没有完成，应分析原因总结教训，切忌相互指责，以保持相互信任的气氛。

这时的工作重点是考核团队年度目标工作的执行成果，并评定实际的工作绩效。 考评的基本点可以如下：

第一，不论主管或基层工作人员，都应以自我考评的方式为基础，而以本人年度开始前所定的目标为衡量标准，就最终的实际目标工作执行成果与目标进行比较，并将自行评定工作绩效、差异的原因等，记载在本人的目标管理卡中，以便呈送直接主管复核。

第二，各级主管除按上述要求自行考评本人的目标执行成果外，还须兼顾考评直接属员目标成果的工作，并评定各辖属人员的成绩。

第三，考评的基本原则：各级人员一律采用"自我考评"制；考评的层次应由下而上，逐级分层考评；考评结果应作为各级目标执行人年度考绩的参考。

实现个人与团队的结合

企业的管理者应该知道，除了团队目标，团队中同样存在着个人目标。个人目标表现为团队成员希望通过他们在团队中的努力所要达到的目标。这些目标包括：提高职位、增加工资、改善环境、改善生活、实现抱负、得到认可等，构成了团队成员现在在团队中工作和将来是否继续在团队中工作的重要原因。

1. 团队目标必须与个人目标相结合
有远见的企业家都会把团队目标与个人目标相结合，以便提高员工的工作热情与工作效率。

如某优秀企业家在转任 M 公司的新总裁后，首先做的就是要求员工树立自己的目标并将其与公司战略相配合。

他曾在首次公开亮相时提出了公司要做的五件大事：首先是尽快实现盈利；其次是赢得客户信任；其三是强化服务器业务；第四是强化公司作为整体服务提供商的独一无二的定位；最后是提高响应客户的速度和效率。这五件大事是基本战略的具体体现。这些基本战略是：保持公司的完整性、改变公司的经济模式、再造业务流程以及出售缺乏生产力的资产。并且要求所有公司成员，必须结合公司的战略目标制定自己的个人目标。团队目标的确定，为员工确立个人目标打下了基础，许多员工围绕团队目标纷纷制定了自己的职业规划，工作干劲明显提升起来。

重视员工的个人目标，才能达到团队目标，许多企业管理问题的产生，往往是由于团队目标和个人目标不相容或不一致所造成的。在这种情况下，个人目标无法得以承认和实现，也为团队目标的顺利实现带来了困难。企业的管理者应尽可能创造机会和可能，使每一个人在完成团队目标的同时使他们的个人目标也能得以实现，这样也为团队目标的完成提供了保证。为此，企业的管理者要找到组织目标和个人目标的结合点。这样一些团队成员无须管理者过多的指导和关心，也会努力完成大量的工作，因为这样做正是他们的个人目标所在。在团队目标和个人目标不一致的情况下，就需要采取措施来加以调整。比如：修正现有的工作制度，按轻重缓急调整待处理问题的次序；提供更多的工作机会供员工选择以利于他们个人的发展以及开展思想教育工作，促使职工调整个人目标来服从团队目标等。

2．帮助员工设立个人目标

个人目标的实现基于团队目标的实现，团队目标由团队成员共同努力去实现。 将团队目标分解落实到每个团队成员身上，就为成员设立了他的个人工作目标。 个人工作目标与其个人目标也需紧密相连，更要与团队目标密不可分。

有两个石匠正在将花岗岩切割成方块。一个参观者问他们在做什么，第一个石匠嘟囔着："我正在把这该死的石头切成方块！"而另一个石匠却自豪地回答："这是这个城市最美的大教堂的墙砖，我加入了建造大教堂的队伍！"

这个故事说明了一个人对工作任务的理解会影响到他的行为动机。

如果一个人不了解正在做什么以及为什么这样做，我们就不能期望他能够做得更好。 每一个人意识到自己的未来，才能更有效地工作。 这样他才会理解他被告知这样或那样做事的原因所在。

把做事的目的告诉员工远比把他们蒙在鼓里强，让他们知道自己从事的工作是公司宏伟蓝图的不可缺少的一部分，自豪感和满足感便油然而生，工作热情和积极性自然高涨，这样就产生了巨大的激励作用。

有证据表明，为员工设定一个明确而具有挑战性的工作目标，通常会使员工创造出更高的绩效。 目标会使员工产生压力，从而激励他们更加努力地工作。 在员工取得阶段性成果的时候，管理者还应当把成果反馈给员工。 反馈可以使员工知道自己的努力水平是否足够，是否需要更加努力，从而有助他们在完成阶段性目标之后进一步提高他们的目标。

团队管理者为员工规划个人目标不是要求人们想象他们现在的状况如何，而是设想他们发挥了所有的潜能时是怎样的，目标规划可以涵盖人类活动的任何一个方面或所有方面，包括：行为、卫生与健康、精神状态、智力、关系、工作进展、财富、社会关系及精神。

个人目标规划是向员工描绘一幅他渴望所企及的现实的美好画面。好的目标规划的标准是：能激励员工，增加他们的自我期望，并鼓励他们花更多的时间和精力完善自我，取得事业成功。实际上，个人目标通常包括对家庭、组织、社区，甚至全世界的关注。只不过由于价值观不同，人们对不同事物的关注程度不同。真正的目标应当根植于个人的价值观、切身利益与热望中。拥有各自强烈目标的人结合起来，朝向团体的共同目标迈进，就能产生远高于个人目标所产生的创造力。

目标规划是一种在工作中学到的行为，是指员工们在一段时期里培养出来的技能或从事的一系列相关的活动。对每个新员工而言，远景规划并不是他们生来就能带到工作中去的行为，而是在工作中慢慢学到的，而团队领导扮演着一个模范教练或老师的角色。

在教导员工如何规划目标时，应该有一个基本框架：首先是给员工提供一个可以效仿的模型；其次允许员工有指导地参与；最后是让他承担起自我领导的重任。作为管理者，有责任对其他员工效仿的行为亲自进行说明。管理者可以采取以下方式帮助员工制定个人目标。

第一，表明是在谈员工可能达到的未来状态。例如："我认为你的发展前景是……""我认为你将……""我想你其实在这儿能做许多事。我想象得出你……"以他们的优点开头，而且要时常提到这些优点。谈及他们的优点，不仅能使他们自我感觉良好，也能帮助他们看到他们的长处有助于他们实现个人目标规划。

第二，针对某人而不是某项工作。人们需要一种感觉，即觉得目标规划是专门为他们而制定的，而不是为在这个职位上的所有人而制定的。为这种工作中的所有人作目标规划可能差不多，但是各人的目标规划应该体现各自的优点与独特之处。他们越是感到自己非同一般或受人重视，目标规划就越有效。

第三，采用跟工作能力相关的术语和概念。较轻松的做法是，用员工易于理解和见到的具体行为来构建和表述目标规划。和工作能力有关的关键行为可以为语言和概念提供框架。这些关键行为包括：找出他人所关心的事和他们的需求；针对他人关心的事和他们的需求，阐述并提出有说服力的论点和事例；说明某人的立场是怎样使听众获益的，以适当方式提出观点，以争取别人的支持；征求反对意见并有效地做出反应；确定关键决策者和影响决策者的关键人物；争取第三方的支持和外援；预计可能产生的反应和反对意见，并拟定应对方案。

第四，如果他们此前在某些方面表现不佳，在个人目标规划中要把他们这方面的能力想象成比现在要强。如果影响力对他们的岗位来说是一项重要的能力，而他们却缺乏这种能力的话，在你的远景规划中，你必须想象他们的这项能力要比实际的强许多。结合他们所做的具体工作，告诉他们如果他们善于运用影响力会怎样。

第五，既要泛泛而谈，也要引用具体事例。应该从不同角度构建远景规划，这样员工既可以设想自己处于哪些特定的情景之下，也可以了解想象中的行为具有什么普遍特征。

第六，努力和员工保持一致。询问他们对目标规划是否感兴趣，倾听他们的意见，并了解他们关心什么，想得到什么。和团队目标规划的情形一样，越经常提醒并鼓励员工为实现个人目标而奋斗，他们就越会运用目标规划来指导自己的行为，改变自己的习惯，这是将原本危急和令人沮丧的局势，转变为能够指导和激励员工改变行为的局势的较为有效的方法。

企业的管理者应该明白这样一个道理：楼梯的台阶不单是为了承载重量，还是为了帮助一个人达到新的高度。团队成员努力取得成就与提高工作效率会有助于推动组织目标的完成，同时，更要让员工去理解，团队会以怎样的回报或提供怎样的机会作为对员工努力工作的补偿，以便帮助员工实现自己的目标。事业目标是企业对员工的一种利益驱动力，驱动力是对大家行为方向的一种激励，而这种激励最终将促进团队目标的达到。

在进行团队目标与个人目标相结合的过程中，值得注意的是，管理者团队成员的沟通问题。沟通不仅可以促使员工理解个人目标与组织目标之间的关系，还可以为那些看到组织目标与个人目标有直接关系的员工更容易产生一种强烈的工作欲望，这种欲望能够转化为工作积极性，更有助于企业目标的实现。

第十章
制度管理:无规矩不成方圆

　　"没有规矩，不成方圆。"这句古
语很好地说明了秩序的重要性。我们
都知道，缺乏明确的规章、制度、流
程，工作中就非常容易产生混乱，如
果有令不行、有章不循，按个人意志
行事，就会造成工序浪费，这是非常
糟糕的事。因此，管理者应该做到:
用制度管人，按制度办事。

管人要用制度说话

俗话说"国有国法，家有家规"，也就是说，任何一种组织形式，无论国家机关、企事业单位、社团甚至家庭都要有自己的一套规矩，而这一套规矩，就是各种组织管理中的规章制度。

管理制度是对组织机构正常运行的基本方面规定活动框架，调节集体协作行为的制度。管理制度是组织实行制度化管理的基础。国家只有实行法治才能进步，各种组织也要实行"法治"才能持续发展，这个"法治"就是制度化管理。

《红楼梦》中写道：宁国府贾蓉的媳妇秦可卿死了，宁国府内大办丧事，每天吊唁的人鱼贯而来，里里外外事情极多，急需一位有管理才能的人帮忙料理。贾蓉的父亲贾珍请来了荣国府的王熙凤来料理宁国府。

王熙凤到宁国府做的第一件事就是建立人事管理制度。每个人都有事做，各负其责，互不推诿，谁干什么、谁有什么责任、谁去检查、干得不好怎么处理，清清楚楚，有条不紊。这一二百人的工作群体，若没有明确的规章制度，非乱套不可。接着，王熙凤又建立了考勤制度和物品管理制度，规定了什么时候点名、什么时候吃早饭、什么时候领发物品、什么时候请示、某人管某处、某人领某物，弄得十分清楚。由于建立了人事、考勤、物资的管理制度，就避免了原来宁国府管理中的无头绪、忙乱、推诿、偷闲等弊端。

1. 人治不如法治

一个组织要实现组织目标，组织管理制度是有力的措施和手段之一。 企业制度作为员工的行为规范，可以使企业有序地组织各种活动。 战场上，军纪严明之师众志成城，纪律涣散之旅乃乌合之众，常常一败涂地。 同样，有些企业常常绝招频出，点子不断，但若缺少了严格的管理制度，再高明的绝招、点子也只是昙花一现。 而要实行制度管理的"法治"，就要打破"人治"观念。

由于个人的智慧、水平有限，"人治"的过程中会出现这样那样的毛病，具体有：

（1）"人治"带有明显的随意性，缺乏科学性，使员工难以适应。

（2）"人治"带有专制性，缺乏民主性，因此决策极易失误，人际关系也极易紧张。 "人治"以人为主，难免出现"一朝天子一朝臣"的现象，这就会使员工产生不公平感，不利于"人和"。

（3）"人治"常常过不了人情关，"奖亲罚疏，任人唯亲"的事情一旦发生，领导者就会逐渐失去威信，团队也会失去凝聚力。

（4）"人治"只能治标而不能治本。 "人治"无法形成有章可循的规章制度，不利于企业风尚、企业文化和企业道德的形成。

有人认为教育可以代替制度，其实二者是相辅相成的关系。 对职工进行教育和培训是必要的，但不是万能的，教育代替不了制度。

　　制度就是规矩。 国内外著名的企业都高度重视"法治"，都有健全合理的规章制度。 例如，日本东芝公司的电子产品之所以"容光焕发、姣美可爱"、备受世界欢迎，一个重要的原因就是对超净工作间有苛刻的净化要求：女工严禁擦粉，男工必须刮净胡子，操作时绝对禁止说话、咳嗽、打喷嚏，以防空气振动，扬起尘埃。 美国格利森齿轮机床厂有十分严格的安全制度，只要进入车间，不论是去干活，还是路过，都必须佩戴安全眼镜，穿硬底皮鞋，并把领带掖在衬衫里面，如果不遵守安全制度，就要受到很严厉的处罚。

　　2. 让制度去说话

　　有一个关于"一条鞭子"的故事。 故事的大意是说：英国古老的剑桥大学有一位著名的校长，他治校有方，培养出了很多名满天下的学生，有人问他为何能把学校经营得这样好，这位著名的校长告诉问他的人，那是因为他用"一条鞭子"来惩治那些不听话、不上进的学生，并且奖罚严明。 关于"一条鞭子"的故事在其他许多地方也出现过，可能主角不是剑桥的校长，换成了别人，大概意思也是说只要有了严格科学的制度并严格执行，就一定能把学校管理好，培养出好学生。 这里的"一条鞭子"其实就是能够严格执行的合理制度的代名词。 不单管理学校如此，从某种程度上讲，经营企业也需要这样的"一条鞭子"。

　　企业制度是什么？ 它是企业一系列成文或不成文的规则，或者说它是企业贴上个性标签的关于经营管理的不同"打法"。 制度不仅规范企业中人的行为，为人的行为划出一个合理的受约束的圈，同时也保障和鼓励人在这个圈子里自由地活动。 或者更通俗地说，制度是一种标签或符号，它将企业中人的行为区分为"符合企业利益的行为"和"不符合企业利益的行为"。 企业的领导者和决策者可以据此采取奖勤罚懒的措施，褒奖"合乎企业利益的行为"，惩罚"不合乎企业利益的行为"，从而有效地刺激企业中的人约束自己，提高组织管理的效率。 而在这样的奖罚中，企业的各项规章制度也得以推行和巩固。

3. 管理要有法可依

企业界流行一个很时髦的说法，叫"箱式管理"。 什么是箱式管理呢？想一想箱子的结构：四面都有隔板，中间是存放空间。 这样的结构一方面可以防止箱内的东西突破上、下限或越过四周跑到箱子外面去；另一方面箱子里面有一定的空间，是箱内东西的活动范围。 箱式管理就是将公司看作一个箱子，公司的经理及其高级管理人员制定一套公司的规章制度、程序、组织结构和价值观，并且把它们用作衡量员工表现的准则。

事实上，每家公司都可以拥有自己的箱子，这种箱子的周围是各项制度，而建造箱子选用的不同材料就是各种制度的严格程度。 不同的箱子留出的空间或许不同，但员工发挥作用的空间一定要充分。

中国的公司、企业一向习惯于"人治"而不崇尚"法治"，也就是说大小事情都由领导说了算，没有太多的规章可以遵循。 而法治就是公司制定出一套完整的规章制度，使任何事情都有条款可依。 规章制度制定出来以后，更重要的环节在于"执法必严"。 《孙子兵法》中指出：要规定明确的法律条文，用严格的训练严整军队，对士兵过于宽松、过于爱怜，结果会导致士兵不能严格执行命令，从而使部队陷入混乱而不能加以约束。 现代公司面临的竞争，其残酷程度不亚于战场拼杀，如果不做到纪律严明、令行禁止，是无法获胜的。

古时候，商鞅变法贴出告示：能将这根木头搬到城南门的人可以获得 5 两黄金。 当时人们都很怀疑，在私下里议论纷纷。 这时，人群中站出来一名壮士，扛起木头运到了南门，商鞅立即奖赏了他，这时人们才意识到商鞅立法的严肃性。 从此，人们对法律严肃性的认知也到达了一定的水平。

公司、企业的规章制度同样也应体现它的公平和严格。 为了提高营业额，北京市某购物中心曾经出台政策重奖销售业绩非常好的职员，当时该中心的员工没有明确地意识到规章的严肃性，当某位员工的业绩远远超出一般职员而因此获得了 2 万元重奖时，员工才从心里掂量起规章制度的分量，从而使公司的各项规章成了员工们关注的焦点。 员工严格执行规章制度的意识显著增强，整个中心的效益也由此提升。 规章的条文不是通过员工的耳朵来听的，而是通过员工用心去体会、去牢记、去执行的。 通过一个典型的例子向员工灌输公司的规章制度，使他们明辨是非曲直，知道什么可为、什么不可为，比滔滔不绝的说教更让人信服。

制定有效的规章制度

任何一家企业，要想实施有效的纪律约束，就必须确保企业规章制度的合理性和规范性。 因为企业制定规章制度的目的是要员工遵守，若空有形式，则毫无意义可言。

例如，某玩具公司有这样一条规定：员工凡延迟交货，不管在什么情况下，企业都要征收违约金。 但实际上，在一般情况下延迟交货多半事出有因，比如不可抗拒的天灾人祸或厂方耽误造成的延迟交货。 故此规定无法执行，应立刻改正，拟定一个折中的办法，以期符合现实情况。

企业在制定用以规范员工行为的制度时，要经过详细地调查，认真细致地分析研究，并结合企业的生产经营状况和员工的实际情况，在征求员工意见的基础上拟定出较为合情合理的规章制度，这样规章制度才能够行得通、推得开，否则，那些脱离实际的条文无异于一纸空文。

在企业里，规章制度绝大多数都是由几个领导制定的，甚至具体到某一条业务标准也是由企业领导制定的，这似乎已成为一种习惯。 但这种做法存在着几个问题：第一，领导者可能对现场作业流程并不了解；第二，领导者不可能制定出系统的管理规范，如部门间的衔接和权责问题，而这是部门与部门之间互相踢皮球的关键原因；第三，有些领导对"现在是什么"可能比较了解，但对于"应该是什么"，也就是如何改变才更富有效率比较模糊。

鉴于以上这些方面的原因，企业领导者要从企业中抽调一些不同部门、不同层次的人来制定规章制度，并确定一个将来执行规章制度操作管理的人来共同参与其中，这样制定出的规章制度就比较规范且容易进行具体的操作实施。

从根本上说，有效的规章制度的制定是不断摸索的过程，同时也是总结经验、发现问题并及时补救的不断完善的研究过程。 因此，管理规范设计首先要考虑各种影响和制约的因素，包括组织目标、竞争环境、法律政策约束、内部经营条件、内部传统经验、业务流程、生产类型、产品和市场、人力资源情况、技术系统条件等，因为管理规范设计就是要在这种令人眼花缭乱的内外环境中进行。

基于以上各方面因素的综合考虑，在制定规章制度的人员安排方面，企业领导者应该与一些管理咨询专家共同对企业进行一次深入的了解，在进行管理诊断后，再由管理咨询专家和企业同仁共同设计管理的规范。

为什么要请管理咨询专家来设计呢？第一，这样能保持管理规范制定过程中的独立性，容易突破组织中的既得利益，不留情面地推动管理规范的制定；第二，作为专业的管理顾问，他们更清楚应该如何做才能更好；第三，他们看到的是整个经营系统，而不只是单个环节或部门。

但是，管理咨询专家有不了解企业具体情况的缺点，所以，管理咨询专家成功的服务有赖于其深入地了解企业，和企业员工共同工作。

具体而言，企业在规章制度的建立和实施中必须注意以下几点。

1.明晰制度的设计思路

按职能、企业结构、管理标准进行明晰的管理方案的设计。 这样既能按做什么、谁来做、怎样做、做的标准、做错做对谁来管这一顺序进行管理，又把责任具体安排到了每一位负责人的头上。

2.制订管理标准

制订标准的重点是在流程设计和接口分析的基础上制定各类管理标准。 毫无疑问，职能的承担者是组织机构，而组织的正常运转要靠一系列的运行机制加以保证。 管理标准是运行机制的主要内容。

3.将经常性的工作标准化

将经常性的工作进行管理规划，制定一个系统的管理标准，这样有利于处理领导与下属、企业与员工、员工与客户之间的关系。 一般而言，管理标准主要包括业务标准、工作标准和作业标准，其主要内容是：职能（工作）范围、职责权限、业务流程和业务接口、工作承担者、工作完成好坏的标准与考核条件、业务进行的条件，以及业务中发生纠纷的仲裁等。

4.保证规章制度的实际意义和全面性

制定管理员工的规范是为了更有效地理顺企业内部的关系，促进企业的长远发展。 因此，标准制定是否合格，要看：

第一，是否所有的接口（业务衔接点）都已经反映在标准中。

第二，是否都将以往工作中出现的矛盾、扯皮等问题解决的办法纳入了标准。

第三，每个部门和岗位做什么和怎样做的问题是否都在标准中明确了。

把员工的行为统一在制度的约束下

　　企业的制度不仅是对员工的一种约束，同时也是企业良好的工作秩序和效率的有力保证。

　　成为有纪律的工作团队的一员，员工会感到舒畅，因为在这样的团队中目标明确、行为清楚、工作态度端正。管理者也能因培养了有纪律的工作团队而获益。

　　在这样的环境中工作，业绩和行为表现问题相对较少，而职业道德和工作效率却要高得多，与此同时，减员率以及与之相关的资金花费和心理教育费用还能相应减少。

　　尽管"纪律"一词常带有消极含意，可是一个有纪律的工作团队确实是企业的一笔财产。管理者应该不断检查自己对员工强调纪律的态度，努力实施正确的、而不只是惩罚性的纪律约束。要提高员工的纪律性意味着通过培训、督导和规范员工，使他们在工作中呈现出良好的行为。

　　因此，管理者应该首先告诉员工公司的规章制度，这样他们就会很清楚遵守公司行为和工作表现的标准，你在由于员工违反了规定而批评他时，就不会听到"没有任何人告诉过我公司有这样的规定"的借口了。

　　具体做法是，对新员工应先发给一份员工手册，其中包括他们应该遵守的纪律规章。对员工进行企业忠诚培训时，管理者应向他们解释纪律及必须遵守的理由，以及违反了纪律时会有什么处罚后果。

对员工工作行为提出期望和要求是一件合常理的事。 通过向员工提供一份有关其行为要求的书面材料，通过对规章制度的解释，以及解答员工对这方面提出的问题，员工就能帮助管理者实现公司的期望。 因为大部分员工是理性的，只要他们清楚了规章制度是什么，都会很乐意地服从规章制度。

作为管理者，必须严格公正地执行这些规章纪律，并给员工足够的时间和帮助，来纠正他们的行为，只是在各种纠正措施都已用尽，而员工仍拒绝遵守某项规章时才实行惩罚措施。严格的纪律制度必须增加管理者和员工的沟通，保证使受罚员工得到公平待遇。 与此同时，严格的纪律制度会有助于你更好地解决问题，并使你的个人决定更加公正。

一般地说，严格的纪律制度所采取的一系列行动包括询问、口头警告、书面警告、暂停工作和开除。 这样就能在一定程度上帮助那些有细小过错或第一次犯错的员工，及时地改正不正当行为，给他们重新工作的机会。 在许多情况下，这一方法能促使员工约束自己的行为，使之符合公司的工作规章。

美国电气公司的副总裁罗伯特在管理中对那些第一次犯错误的员工采取了询问和督导的方式，在问明犯错误原因的同时，也让员工认识到公司制度的重要性。

当然，罗伯特还会给他们一些建议和帮助，而且每次总是在没有别人在场的情况下，以聊天的方式进行的。 这些员工在以后的工作中大都表现突出，不会再犯同样的错误。

但是，有些员工的错误并不是简单的询问和督导就可以解决的，这时，罗伯特一般就会对他们进行口头警告，明确指出员工未能及时纠正的错误，重申一下改正的必要性，警告他再不服从规章将招致更严肃的纪律惩罚。

如果员工的不当行为仍然没有改变，或者员工最初的违纪行为就很严重，那么，等待他的就会是书面警告了。

书面警告的主要内容是告诉违纪员工违反了哪条纪律、公司希望他的行为有怎样的改变、如果不服从下一步会有怎样的后果等。

如果问题仍未得到解决，这位员工就会收到由总裁签署的停职书面通知，这意味着这位员工在一定时间内不得工作，也得不到工资。由更高层领导发的停职书面通知应该是一式三份，一份发给违纪员工本人，一份由主管或经理保留，一份存进员工档案。在这种情况下，这位员工如果再不纠正自己的行为便将被开除。当然，不到万不得已的时候，罗伯特是不提倡这么做的。他还一再强调，如果必须要运用开除来作为最后一步解决问题的方法，还必须注意各员工不同的个性以及法律方面的原则。

严格的纪律制度应鼓励主管和经理与违纪员工一同努力，以帮助他们改正错误。从公司这一方面来说，这一制度必须得到公正的执行，这就是说必须给员工充分的机会来纠正其不良行为，同时必须给予足够的警告促使其明白下一步的纪律处分是什么。

罗伯特在公司里还非常注重发展部门经理用纪律来约束员工的技能，因为，要培养有纪律的工作团队，各个部门的经理和主管往往是关键，因为他们与员工接触最多，是公司组织中的第一线权威。经理与主管也是最了解违纪是怎么回事的人，并且是负责纪律约束过程每一步的人，他如何处理问题，会影响到违纪者是得到行为纠正，还是得到惩罚。而受过良好培训的主管对使严格纪律得以实现至关重要，所以发展主管用纪律管束员工方面的技能是管理者的一大责任。